AF544635

# *Eine kulinarische Reise durch*
# Armenien

Susanna Sarkisian

# *Eine kulinarische Reise durch* Armenien

BuchVerlag
für die Frau

Seite 2: Fässer im Hof der Jerewaner Kognak-Brennerei „Ararat“

# INHALT


Herzlich willkommen in Armenien 7

Es war einmal 8
Der erste christliche Staat 11
Zwischen zwei Feuerflammen 16

Jerewan – Stadt der Sonne und Liebe 18

Feste feiern, Gäste empfangen, das Leben genießen 22
Der Duft des armenischen Brotes 24
Nicht nur das Brot allein macht glücklich, sondern auch der Käse 26

Salate, Suppen und Vorspeisen 28
Ostergerichte 46
Suppen 52
Wildkräuter in der armenischen Küche 72
Chasch – Legende, Gericht, Metapher 76

Hauptgerichte 80
Tolma – Spezialität mit Weinlaub 82
Festspeise Chaschlama 92
Tial – Fleisch nach armenischer Art 108
Es muss nicht immer Fleisch sein … 110

*Armenische Hochzeit* 112

*Chorovaz oder: das beste Schaschlik der Welt* 118
*Die Geschichte vom Tzhvzhik* 128
*Harisa* 130
*Omelette* 132

*Die Perle Armeniens: der Sewansee* 136
*Fischgerichte* 143

*Herbstliche Genüsse* 152
*Gebackener Kürbis Chapama* 155
*Die Geschichte des Neujahrsfestes* 158
*Weihnachten* 168

*Kaffee – das schwarze Gold* 170

*Süßes und Gebäck* 174

*Land der Sonne, Berge und Früchte* 186
*Marmelade, Eingemachtes und Mariniertes* 193

*Djermuk und die heilende Kraft des Wassers* 204

*Armenischer Wein, Brandy und Likör* 208
*Churchills Lieblingsgetränk* 216
*Das armenische Venedig und der Likör „Mechitharine“* 220

*Rezeptverzeichnis* 222

*Danksagung / Über die Autorin* 224

*Wenn der Weg zum Ziel führt,*
*spielt seine Länge keine Rolle.*

*(armenisches Sprichwort)*

# HERZLICH WILLKOMMEN IN ARMENIEN

## ՀԱՅԱՍՏԱՆ / HAYASTAN

Auf dieser Erde gibt es Orte, die nicht nur für immer in unserer Erinnerung bleiben, sondern auch unsere Lebenseinstellung und unsere Vorstellung von der Welt ändern. Diese Orte sind einzigartig, sie dringen in unsere Seele ein und hinterlassen dort ihre Spuren. Einer dieser Orte ist Armenien – das kleine Land am Fuße des Ararat. Dieses Land fesselt alle mit seiner Offenheit und Schönheit und hinterlässt ein heimisches Gefühl im Herzen seiner Besucher.
Armenien ist ein uraltes Land, das mit seiner einzigartigen Kultur, seinen Traditionen und Denkmälern auf eine über 6000-jährige Geschichte zurückblickt. Es ist ein kleines Land mit großer Geschichte, das reich an geheimnisvollen Legenden ist, und wo gemäß der Überlieferung Noah nach der Sintflut die erste Weinrebe am Fuß des biblischen Berges Ararat gepflanzt hat. Armenien ist der erste christliche Staat, und noch heute künden 1700 Jahre alte, gut erhaltene Kirchen davon.
Der Ararat thront wie ein stummer Zeuge der Zeit überall sichtbar über dem Land. Das heutige Armenien beeindruckt durch seine zauberhafte, stimmungsvolle Bergwelt, durch seine wunderschöne und vielfältige Landschaft ebenso wie durch die moderne, pulsierende Hauptstadt Jerewan.

Um ein Land richtig kennenzulernen, reicht es keinesfalls aus, die schönen Landschaften oder die architektonischen Meisterwerke zu betrachten. Einen unmittelbaren und umfassenderen Eindruck bekommt man, wenn man sich unter das Volk mischt, in den Märkten einkauft, Galerien und Museen besucht, sich in schöner Atmosphäre bei einer Tasse Kaffee entspannt, Musik genießt und Bekanntschaft schließt mit dem Geschmack des Landes – in diesem Fall mit dem Geschmack der armenischen Küche.

*„Armenien – das ist ein Land der Wunder … Wenn ich gefragt werden würde, wo man auf der Welt mehr Wundern begegnen kann, so würde ich ohne Zweifel zunächst Armenien nennen … Unweigerlich ist man verblüfft, wie man in dieser kleinen Ecke unserer Erde so vielen Denkmälern und derartigen Menschen begegnet, die zur Zierde und zum Stolz der ganzen Welt werden können. Dreimal soll das armenische Land verherrlicht werden … Es ist die Wiege der Talente, die Wiege großer Leistungen und Verdienste."*

Rockwell Kent (1882–1971) – US-amerikanischer Maler und Grafiker

*Die Bergkette von Sangesur mit einer Länge von ca. 130 Kilometern*

# Es war einmal

*Bereits vor tausenden von Jahren wurden die ersten Menschen im Hochland des heutigen Armeniens ansässig. Sie bauten Häuser, gründeten Städte, betrieben Landwirtschaft, hüteten Nutzvieh und bauten Weizen und Obst an.*

Archäologen finden immer neue Beweise für die hochentwickelte Kultur der Bewohner dieser Region. Einige Jahrhunderte später bildete sich das Volk der Hayasen heraus und gründete den ersten Staat: Hayastan. Eine Tontafel, auf der das Ereignis festgehalten ist, wurde bei Ausgrabungen der Ruinen der Stadt Haattuša, der Hauptstadt des Landes der Hethiter, das sich in der heutigen Türkei befindet, gefunden. Die Hayasen waren sehr einfallsreich und produktiv. Die Forschungsergebnisse des international bekannten Akademikers Nikolai Wawilow belegen, dass die Vorfahren der Armenier als erstes Volk den Anbau von Weizen und anderem Getreide für sich entdeckten und begannen Brot zu backen. Der Anbau von Weintrauben begann ebenfalls in dieser Region.

Den Erfindungsreichtum der Armenier beweisen auch die erst kürzlich gefundenen ältesten Schuhe der Welt, hergestellt von Hayasen.

*Das Kloster Tatev wurde zwischen dem 9. und 13. Jahrhundert erbaut. Es war ein sehr großes intellektuelles Zentrum von Armenien und zwischen 1390 und 1453 eine anerkannte Universität. Die Seilbahn „Flügel von Tatev" ist mit 5 765 Metern die längste Seilbahn der Welt.*

Aber auch in anderen Bereichen waren die Armenier fortschrittliche Pioniere. Im 18. Jahrhundert v. Chr. haben Hayasen eine Technologie zur Gewinnung von Metall entwickelt. So begann die Ära des Eisens. Die Jahrhunderte vergingen, es erschienen neue Nachbarn, die das armenische Land auf ihre ganz besondere Art und Weise nannten: Für die Assyrer war das Land der Hayasen der Staat „Nairi" („Land der Flüsse"), „Ararat" für die Juden, und für die Chinesen war Armenien „die Schönheit neben dem Osten". Land und Volk blieben jedoch gleich. Anfang des 9. Jahrhundert v. Chr. entwickelte sich ein mächtiger zentralisierter Staat – das Ararater Königreich, das später von Historikern „Urartu" genannt wurde. Das Reich erstreckte sich vom Tigris bis zum Euphrat. Die Hauptstadt war Van am gleichnamigen See. Mehr als vier Jahrhunderte dominierte das Königreich Vorderasien und Westasien.

Das eigene Schrifttum, die progressive Landwirtschaft und Viehzucht, der Weinbau, der fortschrittliche Städtebau und vieles mehr dienen heute als Beweis für die hochentwickelte Kultur. Eine besondere Errungenschaft war auch die effiziente Nutzung von Bergquellen für die Bewässerung der Felder und den Antrieb von Wassermühlen.

Im Laufe der Zeit wurde das Königreich größer und immer mehr Handelsrouten entstanden. Städte und Festungen wurden gebaut.

*oben: Die mittelalterliche Festung Amberd, auf einer Höhe von 2300 Metern am Südhang des Berges Aragaz gelegen*
*unten: Der Tempel von Garni wurde im 1. Jahrhundert n. Chr. erbaut und diente über viele Jahrhunderte hinweg als Sommerresidenz armenischer Könige.*

Eine davon war Erebuni-Jerewan, erbaut von König Argischti. In den Festungen befanden sich der Königspalast, Kirchen und Tempel, Häuser, Lagerhäuser für Getreide und Weinkellereien mit riesigen Keramikgefäßen, den „Karassen", die in der Erde vergraben wurden. Auch die landwirtschaftliche Produktion fand innerhalb der Festungsmauern statt. Es wurde Getreide gemahlen, Brot gebacken, Obst getrocknet, Bier gebraut und auch Milchprodukte wurden hergestellt.

Zu Festzeremonien wurden nicht nur Opfer an die Götter dargebracht, sondern auch große Feierlichkeiten veranstaltet, an denen das ganze Volk teilnahm. Sportliche Wettkämpfe und Pferderennen fanden statt, große Tische wurden gedeckt, auf denen auf keinen Fall der köstliche armenische Wein fehlen durfte.
Reisende und Geschichtsschreiber dieser Zeit haben ihre Erlebnisse im Königreich festgehalten. Allen voran hat der antike griechische Historiker Xenophon in seinen berühmten Schriften Anabasis im 4. Jahrhundert v. Chr. das Leben der Armenier im Detail beschrieben. Beeindruckt war er vor allem von der großen Vielfalt der Tiere, die gehalten und genutzt wurden. So schrieb er: „An den Tisch wurden Lamm-, Ziegen-, Schweine-, Kalbfleisch und Geflügel mit einer großen Anzahl von Brotsorten aus Weizen- und Gerstenmehl gereicht."

Die Ararater Herrscher vergaßen auch nicht, die Entwicklungen und Fortschritte in ihrem Reich festzuhalten und hinterließen ihre Keilschriften für die kommenden Generationen. Die Nachkommen dieser talentierten Menschen haben die Überlieferungen sehr gut genutzt. Es entstanden Architekturwunder, filigrane und schöne Gefäße für Wein und Öl, und die Arbeiten der Eisengießer und Münzer werden bis heute bewundert.

Im Laufe der Jahrhunderte geriet Armenien unter die Herrschaft anderer Mächte und wurde aufgeteilt. Doch immer wieder gelang den Armeniern die Zurückgewinnung der Souveränität und die Vereinigung des Reichs. Als goldenes Jahrhundert gilt die Regierungszeit von Tigran II. dem Großen im 1. Jahrhundert v. Chr. Die Hauptstadt Tigranakert wurde unter seiner Herrschaft zum Zentrum der Wissenschaft, Kunst und Literatur. Während dieser Zeit reichte das armenische Imperium vom Kaspischen Meer bis zum Mittelmeer und von Mesopotamien bis zu den Ufern des Flusses Kura.

*Die Kathedrale St. Etschmiadsin ist die Residenz des Patriarchen der armenisch-apostolischen Kirche. Die Kathedrale ist eines der ältesten christlichen Gotteshäuser in Armenien. Sie wurde schon Anfang des 4. Jahrhunderts gebaut, gleich nachdem das Christentum zur Staatsreligion wurde.*

## Der erste christliche Staat

Die neue Ära brachte zwei wichtige Ereignisse mit sich, die das Schicksal Armeniens bestimmten. Während im Römischen Reich Christen noch verfolgt wurden, wurde das Christentum in Armenien im Jahr 301 n. Chr. zur Staatsreligion erklärt. Eine wichtige Rolle spielten dabei Grigor Lusavoritsch (Grigor der Erleuchter), der zum ersten Oberhaupt der Armenischen Apostolischen Kirche (302–326 n. Chr.) wurde, und König Trdat III. (287–330 n. Chr.). Das Christentum vereinigte Armenien und half dem Königreich, sich gegen das immer mächtiger werdende Persien zu behaupten.

Das armenische Volk musste in seiner Geschichte das eigene Land und den eigenen Glauben oft mit Waffen verteidigen. Im Jahr 451 fand die berühmte Schlacht von Avarayr statt, die den Oberbefehlshaber Vardan Mamikonyan zum Helden werden ließ. Während dieser blutigen Schlacht gegen die persischen Sassaniden kämpften die Armenier erfolgreich für ihren christlichen Glauben.

Die Schlacht von Avarayr diente als historische Vorlage für den Film „East of Byzantium: Fugitives and Warriors“ des Regisseurs Roger Kupelian.

In den ersten Jahrhunderten nach Christi Geburt war Armenien einer der fortschrittlichsten und reichsten Staaten der Welt. Große und kleine Städte waren mit Wasserleitungen und Kanalisation ausgestattet. Die günstige geographische Lage

*Das armenische Kloster Geghard, das im 4. Jahrhundert erbaut wurde und zum großen Teil aus dem massiven Felsen gehauen ist*

*Auf der Hochebene in der Nähe der Stadt Sissian befindet sich der höchste Wasserfall (40 Meter) Armeniens: Schaki.*

Armeniens führte zu intensiven Handelsbeziehungen mit Ost und West. Gleichzeitig jedoch waren es gerade die Lage und der Reichtum des Landes, die es zum Zankapfel zwischen großen Mächten werden ließen. Kriege zwischen dem Römischen Reich und Persien um die Vormachtstellung führten schließlich zur Aufteilung Armeniens zwischen diesen beiden Reichen.

In dieser für das armenische Volk schwierigen Zeit beriefen der armenische König Vramschapuch und der Geistliche Sahak Partev eine panarmenische Versammlung ein. Sie beauftragten den armenischen Wissenschaftler und Denker Mesrop Maschtotz (361–440 n. Chr.), die uralten armenischen Schriften wiederherzustellen und zu ergänzen. So entstand das armenische Alphabet mit 36 Buchstaben, das im Laufe der Jahrhunderte durch drei weitere Buchstaben ergänzt wurde. Das erste Buch, das in die altarmenische Sprache „Grabar" übersetzt wurde, war die Bibel.

Auch Mesrops Schüler waren an seiner Arbeit aktiv beteiligt und übersetzten berühmte Werke griechischer und syrischer Schriftsteller. Darüber hinaus gründeten sie Schulen in allen Regionen des damaligen Armeniens. In großen Klöstern wurden Schulen eröffnet, in denen Schüler nicht nur Sprachen erlernten und geistlichen Studien nachgingen, sondern auch in Philosophie, Rhetorik und Mathematik ausgebildet wurden. Insbesondere in Wissenschaft, Kultur und Medizin galt Armenien als eines der hochentwickelten Länder der Welt. Die Werke armenischer Schriftsteller aus dem 5. Jahrhundert sind der Grund, dass dieses Jahrhundert als

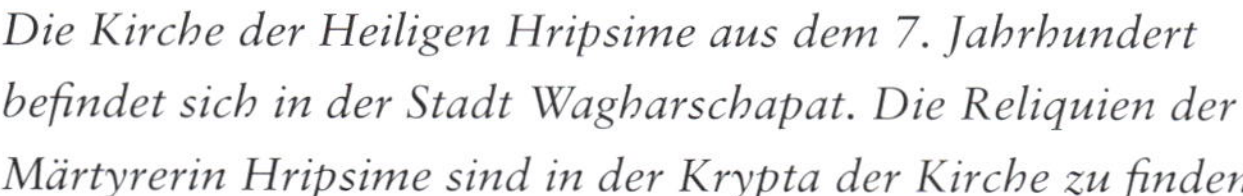

*Die Kirche der Heiligen Hripsime aus dem 7. Jahrhundert befindet sich in der Stadt Wagharschapat. Die Reliquien der Märtyrerin Hripsime sind in der Krypta der Kirche zu finden.*

*Ruinenstätte Swartnoz mit den Resten der im 7. Jahrhundert erbauten Kathedrale und des Palastes ihres Stifters. Swartnoz bedeutet übersetzt „Ort der Himmlischen Engel".*

das „goldene Jahrhundert der armenischen Kultur" in die Geschichte einging.

Im Lauf der Jahrhunderte geriet Armenien erneut unter die Herrschaft anderer Mächte. Doch im Jahr 859, nach Jahrzehnten voller Kriege, gelang es König Aschot aus der Herrscherdynastie der Bagratiden, sein Land in die Unabhängigkeit zu führen. Als Zeichen ihrer Hochachtung übergaben die arabischen und byzantinischen Herrscher dem König seine Krone und beschenkten ihn reich. Nach der gewonnenen Unabhängigkeit begann eine neue Blütezeit in Armenien. Kirchen, Klöster und Krankenhäuser wurden erbaut. Im Jahr 961 wurde die Hauptstadt des Reiches von Kars in die Stadt Ani verlegt, deren Ruinen sich in der heutigen Türkei direkt an der Grenze zu Armenien befinden. Ani wurde als die Stadt der tausend Kirchen bezeichnet. Darüber hinaus gab es dort eine riesige Bibliothek, ein Archiv und eine Universität. Nachbarmächte bemühten sich um gute Beziehungen zum König, während sich der Handel immer weiter entfaltete.

Armenien wurde zum Knotenpunkt zwischen dem Byzantinischen Reich, dem arabischen Kalifat und ganz Asien. Immer mehr wohlhabende Händler ließen sich in Armenien nieder und die Städte wurden immer reicher. Die Bürger besaßen viele demokratische Rechte und Freiheiten, so dass sich das Land kulturell entfalten konnte.
Das Reich wurde zu einem Exportland; ausgeführt wurden vor allem Milchprodukte, Honig, Salz, Metall und Silber. Fisch aus dem See Van und dem Fluss Araks waren insbesondere in Mesopotamien, Syrien

*Das Kloster Norawank liegt über der Schlucht eines Nebenflusses des Flusses Arpa in Vajoc Dzor. Dieses Kloster aus dem 7. Jahrhundert war zur damaligen Zeit ein Lehrstuhl der Bischöfe von Sjunik.*

und Iran beliebt, während armenische Pferde und Maultiere in vielen Ländern sehr geschätzt wurden.

Sowohl in der Textil- als auch in der organischen Farbherstellung konnte Armenien hochentwickelte Technologien vorweisen. Farben, die aus Cochenille-Schildläusen hergestellt wurden, zeichneten sich durch ihre hohe Qualität aus. Die Läuse wurden in den Tälern des Ararat gezüchtet und hießen „karmir wortan" – die roten Läuse. Diese Bezeichnung diente als Grundlage für den organischen roten Farbstoff Karmin. Mit diesem Farbstoff wurden damals nicht nur Manuskripte geschrieben, sondern auch berühmte armenische Bilder gemalt. Insbesondere die Renaissance-Künstler wussten den armenischen Farbstoff sehr zu schätzen.

Arabischen Historikern zufolge waren armenische Teppiche und Textilien die schönsten auf der Welt. In seinen Tagebüchern schwärmte der berühmte Marco Polo von armenischen Teppichen, die vor allem in Florenz beliebt waren und in großen Mengen dorthin exportiert wurden. Die armenische Bezeichnung für Teppich („Karpet") wurde später in viele Sprachen übernommen.

Die armenische Renaissance umfasst den Zeitraum vom 10. bis zum 12. Jahrhundert. In dieser Epoche gab es einen kulturellen Aufschwung, es entwickelte sich ein antifeudalistisches Weltbild. Diese Zeit war geprägt von der Aufklärung, den Naturwissenschaften und philosophischen Fragestellungen. Neue Schulen, Akademien und Universitäten entstanden in allen größeren Städten Armeniens.

*Das Kloster Chor Wirap, dessen Bau im 7. Jahrhundert begann. Dieser Ort gilt als heilig, da dort Grigor der Erleuchter 13 Jahre eingekerkert in einer Grube verbringen musste, bis er König Trdat III. bekehrte und dieser das Christentum zur Staatsreligion erklärte. Von der Klosteranlage öffnet sich ein wunderschöner Blick auf den Berg Ararat.*

Vom 12. bis 14. Jahrhundert erlebte auch die Medizin in Armenien eine Blütezeit. Berühmte Werke griechischer und arabischer Ärzte wurden ins Armenische übersetzt und die Entdeckungen und Forschungsergebnisse armenischer Ärzte aufgeschrieben. Vor allem die Werke von Grigor Magistr und Mkhitar Heraci waren international wegweisend. Zu dieser Zeit entstanden ebenso Enzyklopädien über Kräuter und Mineralien. Auch der Ernährung wurde viel Beachtung geschenkt und der Terminus „heilende Esskultur" geprägt.

Im 11. Jahrhundert bildete sich das unabhängige armenische Königreich Kilikien (Կիլիկիայի Հայկական Թագավորություն), das bis 1515 bestand. Während dieser Zeit erlebte die armenische Kultur einen ihrer Höhepunkte. Besonders bekannt wurde Kilikiens Schule der Miniaturen. Einer der Schüler dieser Schule – Toros Roslin – erlangte weltweites Ansehen für seine einzigartige Bemalung von Kirchen.

Im Byzantinischen Reich (Oströmisches Reich) herrschten 54 Kaiser und Kaiserinnen armenischer Herkunft. Viele Armenier besetzten hohe administrative Posten, führten Heere und waren geschätzte Geistliche. Auch Russlands Monarchen unterhielten stets enge Bindungen zu den armenischen Dynastien. Nicht selten gehörte der russische Thron byzantinischen Kaisern armenischer Herkunft. Eine weitere Besonderheit dieser Zeit waren die engen Beziehungen der Herrscher Kilikiens zu europäischen Adelshäusern. Daraus hervorgegangene dynastische Verbindungen hinterließen Spuren in Russland und anderen europäischen Staaten.

*Das Sanahin-Kloster aus dem 10. Jahrhundert befindet sich in der Region Lori. Bis heute sind das Bibliothek-Skriptorium und die klostereigene Akademie erhalten geblieben. Die Klosteranlage Sanahin gehört zum UNESCO-Weltkulturerbe.*

*Das Kloster Goschawank wurde im 12. und 13. Jahrhundert erbaut. Der Gründer war der Rechtsgelehrte und Fabeldichter Mechitar Gosch. Bereits nach der Erbauung beherbergte das Kloster eine Universität, eine Bibliothek und ein Skriptorium.*

## Zwischen zwei Feuerflammen

Ab dem 14. Jahrhundert begann mit der Invasion der Mongolen und später der türkischen Seldschuken und Perser eines der dunkelsten Kapitel in der armenischen Geschichte. Doch auch in den schwierigen Zeiten unter der Herrschaft der Mongolen und Tataren konnten sich Kultur und Wissenschaft in den armenischen Zentren weiter entfalten. Mitte des 14. Jahrhunderts wurde Armenien zu einem Schlachtfeld des Kampfes des armenischen Volkes gegen seine Eroberer. Viele Menschen verließen verzweifelt ihre Heimat und übersiedelten nach Russland und Europa. Die Kriege für die Unabhängigkeit von Persien und dem Osmanischen Reich zerstörten die großen armenischen Städte und kulturellen Zentren. In vielen Ländern wurde die armenische Diaspora immer größer, was jedoch den Armeniern in der Heimat Halt und Hoffnung gab. So konnte die armenische Kultur trotz schwieriger Bedingungen erhalten und gepflegt werden.

Nach dem Krieg zwischen Russland und Persien im 19. Jahrhundert wurde Armenien nochmals zwischen diesen beiden Mächten aufgeteilt. Die Regionen Jerewan, Nachidschewan und die Stadt Wagarschabat, die Russland zugeteilt wurden, entwickelten sich bald zu

*Das armenische Alphabet*

Standorten aufstrebender Industrie und Landwirtschaft. Mit der Ausweitung des Eisenbahnnetzes erlebte die Wirtschaft in dieser Region eine Blütezeit.
Die Lage der Armenier im Westen wurde unter der osmanischen Herrschaft jedoch immer schwieriger. Die osmanische Lösung der „armenischen Frage" ab 1915 wird bis heute auf der ganzen Welt diskutiert, denn mehr als 1,5 Millionen Armenier fielen ihr zum Opfer.

1920 wurde die Republik Armenien, die 1918 ihre Unabhängigkeit erlangt hatte, zur Armenischen Sozialistischen Sowjetrepublik. In den folgenden siebzig Jahren entwickelte sich Armenien zu einem Industrieland, besonders in den Bereichen Maschinenbau, Automobilherstellung, Chemieindustrie und Bergbau. Auch die Wissenschaft blühte wieder auf, es entstanden neue Universitäten, Institute, Laboratorien und wissenschaftliche Zentren. Die Leistungen der armenischen Astrophysiker ernteten internationale Anerkennung, ebenso die Erkenntnisse der armenischen Wissenschaftler in den Bereichen Mathematik und Informatik sowie zur Erschließung des Weltraums.

Eine neue Ära begann 1991 mit dem Zusammenbruch der Sowjetunion. Armenien wurde endlich wieder zur Unabhängigen Republik Armenien.

Die Geschichte Armeniens mit all ihren Höhen und Tiefen kann natürlich hier nicht vollständig dargestellt werden. Dennoch soll festgehalten werden, dass es den Armeniern immer wieder gelang, ihre Kultur, ihre Sprache und ihren Glauben über die Jahrhunderte hinweg zu bewahren, zu schützen, zu pflegen und zu entfalten, unabhängig davon, wo sie sich aufhielten. Armenien ist und bleibt die Heimat aller Armenier, ganz gleich, wohin sie das Schicksal verschlagen hat.

*„Das Land ist wie eine lebendige Schöpfung. Es besitzt eine Seele. Und ohne Vaterland, ohne die nähere Bindung mit der eigenen Heimat, kann Niemand sich selbst und seine eigene Seele kennenlernen."*

Martiros Sarjan (1880–1972) – armenischer Maler und Künstler

# Jerewan – Stadt der Sonne und Liebe

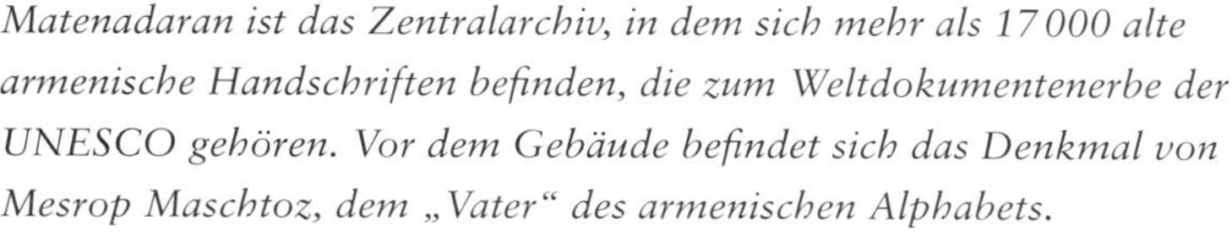

Matenadaran ist das Zentralarchiv, in dem sich mehr als 17 000 alte armenische Handschriften befinden, die zum Weltdokumentenerbe der UNESCO gehören. Vor dem Gebäude befindet sich das Denkmal von Mesrop Maschtoz, dem „Vater" des armenischen Alphabets.

Der Schwanensee im Herzen Jerewans

*Als der letzte Stein auf seinen Platz gelegt war, ritt Argischti I., Sohn des Menua und König des Reiches Urartu, auf seinem Pferd Artsiv um die Festung, bewunderte die Schönheit des kunstvollen Baues mit der unerschütterlichen Macht einer gefürchteten Festung und sah, dass etwas Wunderbares geschehen war.*

So rief er den Baumeister und befahl, dieses Ereignis auf einer Gedenktafel festzuhalten als Zeichen der Macht des Landes und zur Abschreckung der Feinde. So entstanden unter der kunstvollen Hand des Meisters folgende Zeilen:

„Mit der Macht und der Hilfe des Gottes Chaldi erbaute Argischti, Sohn des Menua, die gewaltige Festung und gab ihr den Namen Erebuni, für die Macht des Landes Biani (Van) und zur Einschüchterung feindlicher Länder."

Soweit die Erzählung. Wie eine Geburtsurkunde steht nun dieses Denkmal aus Stein und verkündet der ganzen Welt von der Entstehung der Stadt Erebuni-Jerewan im Jahr 782 v. Chr. – neunundzwanzig Jahre vor der Entstehung der ewigen Stadt Rom.

Über viele Jahrhunderte hinweg spielte Erebuni-Jerewan eine wichtige Rolle im wirtschaftlichen und

*Martiros Sarjan (1880–1972) gehört zu den großen Figuren der armenischen Kultur. Gemeinsam mit den armenischen Schriftstellern Howhannes Tumanyan und Awetik Isahakjan, dem Architekten Toros Toramanjan und Alexander Tamanjan und dem berühmten Komponisten Komitas hat der Maler sein ganzes Leben dem Erhalt des armenischen kulturellen Erbes und der Entwicklung der nationalen Kunst gewidmet. Das Denkmal des Malers steht in einem Park im Zentrum Jerewans. Regelmäßig findet in diesem Park eine „Vernissage" statt, in dem Künstler ihre Werke verkaufen.*

*Das größte Glück ist der Glaube daran, dass man geliebt wird.*

(armenisches Sprichwort)

politischen Leben Armeniens. Die vielen Karawanenwege, die hier verliefen, ließen die Stadt zu einem bedeutenden Zentrum für den Tauschhandel werden.

Zum ersten Mal wird Jerewan im 14. Jahrhundert als die „Hauptstadt des Landes Ararat" erwähnt. Und obwohl Erebuni-Jerewan bis zum 15. Jahrhundert nicht Hauptstadt war, galt die Stadt doch als eines der strategischen und kulturellen Zentren Armeniens. Wie die Geschichte Armeniens, so ist auch die Geschichte dieser Stadt geprägt von heroischen und tragischen Ereignissen.

Im heutigen Armenien bildet Jerewan, das bald den 2800. Jahrestag seiner Gründung feiern wird, das Herz und die Seele dieses Landes. Der verdienstvolle Architekt und Akademiker Alexander Tamanjan verlieh der Stadt ab 1924 ihr einzigartiges Gesicht in modernem Stil. Breite Prachtstraßen, große Grünanlagen und Plätze, die Oper mit dem großen Saal der Philharmonie – ein Projekt, das im Jahr 1936 den „Grand Prix" auf der internationalen Messe in Paris erhielt, – sind nur einige dieser von ihm geprägten Facetten der Stadt.

*Das Gebäude der Oper und des Balletts im Herzen Jerewans wurde vom Architekten Alexander Tamanjan entworfen und in den 1920er Jahren gebaut. Das Denkmal des armenischen Komponisten Aram Chatschaturjan befindet sich gegenüber des großen Konzertsaals der Armenischen Philharmonie, die auch nach ihm benannt ist. Aram Chatschaturjan erlangte Weltruhm durch die Ballette „Gayane" und „Spartakus". Der Säbeltanz aus dem Ballett „Gayane" dient bis heute vielen Musikern als Inspiration und wird oft in Filmen eingesetzt.*

Begabte armenische Architekten haben die Tradition von Tamanjan fortgesetzt. Ein Beweis dafür ist das Museum und Archiv uralter armenischer Manuskripte „Matenadaran" des Architekten M. Grigorjan, der Sport- und Konzert-Komplex „Hamalir", benannt nach Karen Demitschjan, und viele weitere markante Gebäude und Monumente.

Bei Spaziergängen durch Jerewan zeigen sich die verborgenen, unvergesslichen Seiten der Stadt – die alte und allseits beliebte Straße Abovjan mit ihren Souvenirläden und gemütlichen Innenhöfen, den großen Gebäuden aus Tuffsteinen, die in unterschiedlichen Tönen im Licht leuchten, und den vielen gemütlichen Cafés zwischen Schatten spendenden Bäumen.

Jedes Jahr im Oktober feiern die Jerewaner den Geburtstag ihrer Stadt. Sonne, Wärme, Freude und Spannung begleiten die Menschen an diesem Tag. Die Stadt ist festlich geschmückt und voller lachender Geburtstagsgäste, die gespannt auf diesen Tag gewartet haben. Das Fest beginnt mit einer theatralischen Prozession, die am Erebuni-Museum beginnt und an der Oper endet. Bis in die Nacht spielt die Musik, Konzerte und andere Vorstellungen wechseln sich ab. Am späten Abend dann der Höhepunkt des Festes: Ein Feuerwerk erleuchtet den Himmel und erfüllt die Zuschauer mit dem Gefühl der Zusammengehörigkeit.

Sehr viele Lieder und Liebeserklärungen wurden Jerewan gewidmet. Das Lieblingslied aller Armenier aber ist das Lied des Komponisten und Sängers Ruben Hachwerdjan: „Ich liebe dich, mein Jerewan!"

# Feste feiern, Gäste empfangen, das Leben genießen

*Küche heißt auf Armenisch „Chohanoc", was in direkter Übersetzung „Ort des Denkens" bedeutet. Aus gutem Grund trugen die königlichen und fürstlichen Speisesäle diesen Namen, denn an den reich gedeckten Tischen wurden wichtige politische und wirtschaftliche Entscheidungen getroffen.*

Während der festlichen Mittag- und Abendessen reichte man verschiedene Vorspeisen, Bouillons und Suppen. Die ersten Gänge wurden in großen Suppenschüsseln auf den Tisch gestellt und dann erst in kleinen Suppentellern serviert.
Bemerkenswert war die Reihenfolge der Speisen des zweiten Ganges. Zuerst kamen die Rinds-, Lamm- und Wildgerichte, darauf folgten die Geflügelgerichte und schließlich die Gerichte aus Eiern mit verschiedenen Kräutern wie Estragon, Pfefferminze, Koriander, Basilikum und Thymian.
Auf dem Speiseplan standen auch Gemüse wie Möhren, Rüben, Kohl, Auberginen, Sauerampfer, Spinat, Zucchini, Gurken, Okraschoten

und vieles mehr. Eine besondere Bedeutung hatten Gerichte aus Wildkräutern. Als süße Nachspeisen galten frische und getrocknete Früchte wie Äpfel, Birnen, Granatäpfel, Quitten, Kornelkirschen, Weintrauben, Wasser- und Honigmelonen, Pflaumen, Aprikosen, Zitronen und Orangen. Interessant ist auch, dass viele Fleisch- und Fischgerichte mit Früchten, Walnüssen, Mandeln und Kastanien zubereitet wurden – eine Tradition in der armenischen Küche, die bis heute gepflegt wird und den Gerichten einen besonderen, erlesenen und feinen Geschmack verleiht.

Obwohl das Wort „Chohanoc“ für Küche alltäglich geworden ist, hat es in seiner wortwörtlichen Übersetzung bis heute nicht an Bedeutung verloren. Armenische Hausfrauen verwöhnen seit Jahrhunderten ihre Familienmitglieder und Gäste mit wunderbaren Speisen. Und während die Gerichte verzehrt werden, fällt in einer Umgebung voller Liebe und Fürsorge auch die eine oder andere wichtige Entscheidung.

Sogar armenische Königinnen – von denen es in der armenischen Geschichte mehr als 150 gab – verwöhnten ihre Ehemänner und Kinder mit selbst zubereiteten Speisen. Zugleich waren sie für ihre Männer starke, geschätzte Partnerinnen, die auch in den schwierigsten Zeiten Seite an Seite mit ihnen kämpften.

Armenische Festtafeln – das sind immer große Tische, an denen Freunde, Verwandte und Nachbarn Platz nehmen. Hier gibt es keine Fremden, denn jeder neue Gast fühlt sich sofort der Gemeinschaft zugehörig.

Die Hauptperson aller armenischen Tafelrunden ist der „Tamada“, der mit seinen Trinksprüchen durch den Abend führt. Er wird gewählt, so dass jeder Tamada werden kann, ganz gleich, ob er der älteste Mann der Familie, ein besonderer Gast oder eine hochangesehene Person ist. In Armenien nehmen Trinksprüche eine besondere Rolle ein, denn es wird als hohe Kunst angesehen, das hervorzuheben, was wichtig und heilig ist. Der erste Trinkspruch gilt immer dem Anlass des Tafelns, während der letzte Trinkspruch meist den herzlichen Gastgebern gewidmet wird. Zu jedem wichtigen Ereignis kommen bestimmte Produkte und Gerichte auf den festlich gedeckten Tisch, aber auch Speisen, mit denen die Gäste überrascht werden können. Bei einer Hochzeit wird der Tisch mit den beliebtesten traditionellen Gerichten gedeckt. Die liebevoll zubereiteten kulinarischen Genüsse, die erlesenen Weine und Brandys und vor allem das herzliche und lustige Zusammensein verwandeln jedes armenische Festessen in ein unvergessliches Erlebnis.

# Der Duft des armenischen Brotes

*Der Duft frisch gebackenen Brotes: Was könnte anziehender sein! Dieser Duft begleitet uns durch das Leben, er gehört zu unserem Dasein.*

Jeder Armenier, ganz gleich, wo er lebt, erinnert sich an den Duft von frischem Lavasch, dem traditionellen armenischen Brot. Denn Lavasch ist nicht nur ein Brot, sondern auch eine Legende.

Lavasch – ein Brot, dünn wie Pergamentpapier – entstand auf uraltem armenischen Gebiet und wurde durch armenische Wanderer auf der ganzen Welt verbreitet. Noch immer wird Lavasch in Armenien auf jene Art und Weise gebacken, wie es bereits vor Jahrtausenden üblich war; Rezeptur und Technologie haben sich nicht verändert.

Dass Armenien die Heimat von Weizen und Roggen ist, stellten bereits vor langer Zeit Wissenschaftler wie Boris Piotrowski, Nikolai Wawilow und Victor Hehn fest. Die Festung Erebuni war umgeben von Weizenfeldern, auf denen eine Vielzahl einheimischer Sorten wuchs. Auch heute noch werden hier mehr als 200 Weizensorten angebaut.

Brot, auf Armenisch „Hac“, wird in manchen Dörfern bis heute in einem Tundir – „tun“ wie „Haus“ und „dir“ wie „bauen“ – gebacken. Es heißt nicht zufällig Tundir, denn unsere Vorfahren bauten zunächst

*oben: Frisch zubereiteter Teig für den Lavasch*
*unten: Tonir (Tundir)-Ofen*

eine Feuerstelle, bevor sie daneben ein Haus errichteten. Der Raum, in dem sich dann später der Tundir befand, wo die Frauen das Brot buken, hieß „Hacatun“, also Brothaus.
Das Brotbacken war eine gesellige Tätigkeit. Dazu versammelten sich nicht nur die weiblichen Mitglieder der Familie, sondern es kamen auch die Nachbarinnen hinzu – eine lustige Frauenrunde. Da das Brotbacken viel Zeit in Anspruch nahm, wurde nur einmal im Monat gebacken. Dies reichte auch vollkommen aus, denn der frisch gebackene Lavasch ist so dünn, dass er sofort an der Luft trocknet und somit für einen längerem Zeitraum haltbar wird. Der Lavasch wird nach dem Backen gestapelt und in einem kühlen und trockenen Raum gelagert. Einige Stunden vor dem Verzehr mit Wasser besprengt, erhält das Brot dann wieder Geschmack und Frische.
Lavasch war und ist bis heute das populärste Brot in Armenien. Aus ihm werden verschiedene Leckereien hergestellt, u. a. der seit Jahrhunderten beliebte „Brtudsch“ – eine Art Wrap. Dabei kann in Lavasch alles eingewickelt werden, was das Herz begehrt. Die beliebteste Version wird mit Käse und frischen Kräutern zubereitet. Zu Ostern enthält der „Brtudsch“ Eier und Estragon. So ist auch der Verzehr von Chorovaz (Schaschlik) ohne Lavasch für einen Armenier unvorstellbar. Aber auch Fisch und weitere Köstlichkeiten können in Lavasch eingewickelt werden.
In Armenien gibt es aber nicht nur Lavasch. In den Regionen des Landes werden die unterschiedlichsten Brotsorten gebacken, z. B. das ovale Brot Matnakasch, das Steinofen-Brot Hrazdan und viele andere.
Das Brot ist auch fester Bestandteil der Traditionen des armenischen Volkes. Mit Brot und Salz werden Gäste empfangen. Im Altertum wurde die Zustimmung zur Ehe mit dem Teilen von einem Lavasch besiegelt. Ein Teil blieb bei der zukünftigen Braut, den anderen Teil nahm der Bräutigam mit. Bis heute legt man frisch vermählten Paaren Lavasch als Zeichen des Wohlergehens auf die Schultern.
Eine weitere Tradition bestand darin, zum Neujahrsfest immer frisches Brot zu backen, ungeachtet dessen, wie viel Vorrat man bereits hatte. An diesem Tag war das Brotbacken auch mit Wahrsagerei verbunden. So wurde für jedes Familienmitglied ein kleines Brot in Menschenform mit dem Namen „Asil-Basil“ gebacken. Gelang das Brot gut, sollte das kommende Jahr voller Glück sein.
Eine Tradition, die auch nicht fehlen durfte, war das „Tari-Hac“ – das Jahresbrot, ein köstliches Gebäck mit getrockneten Früchten und Nüssen, in das eine goldene Münze gelegt wurde, um dem Finder Glück zu bringen.

*oben: Tschetschil-Käse mit Schimmel*
*unten: Tel panir (Fadenkäse)*

# Nicht nur das Brot allein macht glücklich, sondern auch der Käse

*Die erste und unersetzbare Vorspeise der Armenier ist der Käse, auf Armenisch „Panir".*

Die unterschiedlichsten Käsesorten lassen keine Wünsche offen: Käse aus Kuh-, Rind- oder Ziegenmilch, salzig und frisch, in speziellen Gefäßen mit Salzlake unter der Erde gereift, geräuchert, mit Schimmel, mit den verschiedensten Kräutern, rund, eckig, fadenartig … Ein altes armenisches Sprichwort besagt: „Hac u panir ker u banir": Iss Brot und Käse und arbeite.

In den Regionen des Landes findet man viele große und kleine Käsereien, in denen traditionelle und typische Käsesorten erzeugt werden. Während in Echegnadzor, einer kleinen Stadt im Vajoc Dzor, der herzhafte Echegnadzorer Käse mit Thymian hergestellt wird, gibt es in Gyumri den fadenähnlichen Schimmelkäse Tschetschil. Den Käse Kanatsch, der in Geschmack und Aussehen dem französischen Roquefort-Käse ähnelt, findet man hingegen in Talin, einer kleinen

*Berge und Täler in der Region Vajoc Dzor*

Stadt auf dem Hügel des Aragats. Die bekannten Käsesorten in Salzlake, Tschanach und Brinz, sind weit über die Grenzen Armeniens hinaus beliebt.

Von Käse und Wein kann man viel erzählen. Doch vor allem sollte man beides genießen – am besten an warmen Abenden in den Bergen, wenn die Sterne so nah scheinen und in der Stille nur die Heuschrecken zu hören sind. Käse und frische Kräuter, eingewickelt in Lavasch, und dazu ein Glas armenischer Wein können so zu einem einzigartigen Genuss werden.

# Salate, Suppen und Vorspeisen

*Ein gedeckter Tisch ohne Vorspeisen, Salate und Suppen? Für Armenier unvorstellbar!*

*Die armenische Bezeichnung für Salat ist „Achzan“, was so viel wie „Salz streuen“ bedeutet. Salate werden aus verschiedenen Gemüsesorten und Wildkräutern zubereitet. So kennt die Zutatenvielfalt für Salate kaum Grenzen: Spinat, Ampfer, Malve, wilder Bergfenchel, Portulak, Spargel und vieles mehr. In der warmen Jahreszeit sind vor allem leichte Salate aus Tomaten, Gurken, Paprika und Kräutern beliebt. Zu den Favoriten unter den Salaten gehören auch jene mit gegrillten Auberginen, Tomaten und Paprika. Den meisten Salaten werden viele Kräuter zugefügt, um ihnen einen besonders frischen Geschmack und ein kräftiges Aroma zu verleihen. Aber auch im frischen Zustand sind Kräuter ein Muss auf jedem armenischen Tisch – ganz gleich, ob im Alltag oder zu besonderen Gelegenheiten. Basilikum, Kresse, Koriander, Frühlingszwiebeln, Petersilie, Dill, Estragon schmücken jeden Tisch zusammen mit frischen Tomaten und Gurken. In der kalten Jahreszeit hingegen gibt es öfter Salate aus Gemüsewurzeln und Hülsenfrüchten.*

*Eine wichtige Rolle spielen auch Fleisch- und Fischvorspeisen.*
*Ganz große Meister in der Zubereitung von geräucherten Delikatessen waren die Armenier aus Van. Seit Jahrhunderten wird in der armenischen kulinarischen Terminologie die Bezeichnung „Chozapucht“, also geräuchertes Schweinefleisch, für diese Art und Weise des Räucherns verwendet. Neben dem Geräucherten dürfen als Vorspeise auch dünn geschnittener Basturma (luftgetrocknetes Rindfleisch im Gewürzmantel aus Kümmel, Knoblauch und rotem Pfeffer), Schudschuch (würzige flache Wurst) und Fleischrouladen nicht fehlen.*

## Jerewaner Sommersalat – Achzan jerewanjan amarain

### Աղցան երեվանյան ամառային

*1 grüne und 1 gelbe Paprikaschote*
*200 g Tomaten*
*200 g Gurken*
*1 Zwiebel*
*Basilikum, Petersilie, Koriander nach Belieben*
*Salz*
*2 Esslöffel Öl*
*1 Esslöffel Weinessig*
*30–50 g Käse in Salzlake*

Paprikaschoten waschen, halbieren, von Kernen befreien und in Streifen schneiden. Die Tomaten waschen und in Achtel schneiden.
Gurken schälen und in feine Scheiben schneiden, Zwiebel in Ringe schneiden. Kräuter klein hacken. Alle Zutaten miteinander vermischen, salzen. Öl und Essig verrühren und zum Salat geben.
Den Salat mit zerbröckeltem Käse in Salzlake oder mit Fadenkäse servieren.

## Blumenkohlsalat – Achzan Tzachkakachambov

### Աղցան ծաղկակաղամբով

*300–400 g Blumenkohl*
*1 Esslöffel Olivenöl*
*1 Teelöffel Essig*
*1 rote und 1 gelbe Paprikaschote*
*Petersilie, Koriander, Basilikum nach Belieben*
*2–3 Frühlingszwiebeln*
*10 Oliven*

***Für die Soße:***
*½ Knoblauchzehe*
*200 g Naturjoghurt (Matsun)*
*Kräuter nach Belieben*
*Salz*

Den Blumenkohl in kleine Röschen teilen, waschen und ca. 5 Minuten in kochendem Wasser blanchieren. Die Blumenkohlröschen in einem Sieb abtropfen lassen und in einer Schüssel mit Olivenöl und Essig abschmecken. Paprikaschoten waschen, halbieren, von Kernen befreien und in dünne Streifen schneiden. Kräuter klein hacken. Die Frühlingszwiebel in kleine Ringe schneiden. Paprikaschoten, Kräuter und Frühlingszwiebeln zu dem Blumenkohl geben.

Für die Soße die Knoblauchzehe auspressen und mit dem Joghurt verrühren. Gehackte Kräuter und Salz hinzufügen. Kurz vor dem Servieren die Soße auf den Blumenkohl geben.

Den Salat mit dünnen Olivenringen bestreuen.

*Portulak gehört zur botanischen Familie der Portulakgewächse (Portulaceae). Die Wildform stammt aus Vorderasien. Schon die alten Armenier und Ägypter schätzten Portulak als Gemüse und Heilpflanze. In Europa wurde die Pflanze bereits im Mittelalter angebaut. Doch im Laufe der Zeit ist sie in Vergessenheit geraten.*
*Portulak enthält die Vitamine C, $B_1$, $B_2$, und $B_6$, Provitamin A, Vitamin A, Kohlenhydrate, Eiweiß, Calcium, Eisen, Natrium und Phosphor.*
*Portulak lässt sich roh als Salat oder gedünstet als Gemüse verwenden. Er hat einen fein säuerlichen, leicht nussartigen Geschmack. Als Salat zubereitet passt er gut zu Salatgurken, Tomaten, Feld- und Kopfsalat. Als Gemüse wird Portulak kurz blanchiert, etwa so wie Spinat.*

*Man könnte fragen: In welchem Zusammenhang stehen ein berühmter Schauspieler, ein weltbekannter Komponist und der Portulak? Diesen Zusammenhang versteht man erst, wenn man sich den Film „Angekommen beim Kochwettbewerb" mit Armen Dschigarchanjan in der Hauptrolle und mit der Filmmusik von Arno Babadschanjan ansieht. Im Film geht es um Köche, die zu einem wichtigen Wettbewerb reisen, aber nicht dazu kommen, ihren Portulaksalat zuzubereiten. Denn obwohl die Zubereitung des Salates sehr einfach ist, ziehen es die Köche vor, ihren Freunden in schwierigen Zeiten beizustehen. So handelt dieser Film insbesondere von den wichtigsten Werten der Menschheit – Freundschaft, Liebe und davon, dass das Leid unserer Mitmenschen auch uns selbst betrifft.*

## Portulaksalat – Achzan Dandurov

### Աղցան դանդուռով

*250 g Portulak*
*Salz*
*1 Knoblauchzehe*
*Petersilie, Koriander nach Belieben*
*1 Esslöffel Olivenöl*
*1 Esslöffel Essig oder Zitronensaft*

Den Portulak waschen und in kochendem Salzwasser 2 – 3 Minuten blanchieren. Danach den Portulak aus dem Wasser nehmen. Nachdem der Portulak abgekühlt ist, gepresste Knoblauchzehe, klein gehackte Petersilie und Koriander hinzufügen.
Nach Belieben salzen, mit Olivenöl sowie Essig oder Zitronensaft abschmecken.

## *Spinatsalat mit grünem Spargel und Walnusssoße – Achzan cnebekov ev enkujzov*

### Աղցան ծնեբեկով եվ ընկույզով

*500 g Spinat*
*500 g grüner Spargel*

***Für die Soße:***
*50 g Walnüsse*
*1 Esslöffel Essig*
*2 Esslöffel Olivenöl*
*Salz*
*Knoblauch und Bärlauch nach Belieben*

Den Spinat waschen und 1–2 Minuten in kochendem Wasser blanchieren, wobei das Wasser im Topf nur etwa 1 cm hoch stehen sollte. Den Spinat nicht überkochen. Die satte grüne Farbe muss erhalten bleiben.
Den Spargel waschen, holzige Enden abschneiden und auch ca. 2–3 Minuten blanchieren. Den blanchierten Spargel halbieren.
Für die Soße die Walnüsse in einem Mörser zerkleinern. Falls Knoblauch verwendet wird, diesen mit den Walnüssen zerkleinern. Essig und Olivenöl zu den Walnüssen geben und zu einer Masse verrühren. Nach Belieben salzen. Die Soße zu Spinat und Spargel geben. Den Bärlauch nach Belieben schneiden und zufügen. Den Salatteller mit Bärlauch oder essbaren Blüten servieren. Spinat und Spargel können auch als separate Salate serviert werden. Die Walnusssoße passt auch wunderbar zu Portulak-, Malven- und Brennnesselsalat sowie zu Salat aus grünen Bohnen.

## *Salat aus grünem Spargel – Achzan cnebekov*

### Աղցան ծնեբեկով

*500 g grüner Spargel*
*Salz*
*1 Esslöffel Essig*
*2 Esslöffel Olivenöl*
*4 Eier*
*8–10 Radieschen*
*Koriander, Petersilie, Dill nach Belieben*

***Für die Soße:***
*200 ml Joghurt*
*Koriander, Petersilie nach Belieben*
*½ Knoblauchzehe*
*Salz*

Grünen Spargel putzen und die holzigen Enden abschneiden. Gesalzenes Wasser zum Kochen bringen und den Spargel ca. 3–4 Minuten blanchieren, dabei darauf achten, dass die Spargelköpfe nicht mit Wasser bedeckt sind. Den grünen Spargel abtropfen lassen und in 3–4 cm lange Stücke schneiden. Spargelstücke in einen Salatbehälter mit einer Mischung aus Essig und Olivenöl legen und abkühlen lassen.
Eier kochen, schälen und würfeln. Die Radieschen waschen und in dünne Halbmonde schneiden. Die Kräuter fein hacken und alle Zutaten miteinander vermengen.
Für die Soße Joghurt, Kräuter, Knoblauch und Salz vermischen. Joghurtsoße zum Salat geben.

## *Salat aus grünen Bohnen mit Walnüssen – Achzan kanach lobiov*

### Աղցան կանաչ լոբիով

*300 g Bohnen*
*Salz*
*Koriander, Dill, Bärlauch nach Belieben*
*50 g Walnüsse*

***Für die Soße:***
*1 Esslöffel Essig*
*1 Esslöffel Olivenöl*
*1 Knoblauchzehe*

Buschbohnen putzen und im kochenden Salzwasser blanchieren. Für die Salatsoße Essig, Olivenöl und Knoblauch in einem Mörser zerkleinern. Abgetropfte, noch heiße Buschbohnen mit der Soße begießen. Feingehackte Kräuter und Walnüsse hinzugeben und alles vermischen. Den Salat eine Stunde stehenlassen, damit die Buschbohnen das Aroma der Kräuter und der Soße annehmen.

Salat mit klein gehackten Walnüssen und Bärlauch servieren.

# *Auberginenröllchen – Rulet badrdjan (smbukov)*

## Ռուլետ բադրջանով (սմբուկով)

*400 g Auberginen*
*Pflanzenöl zum Braten*

***1. Füllungsvariante:***
*50–60 g Walnüsse*
*3 Esslöffel fein gehackte Kräuter (Petersilie und Koriander)*
*½ Knoblauchzehe*
*Salz, Pfeffer*
*1 Teelöffel Essig*
*2–3 Esslöffel Granatapfelkerne*

***2. Füllungsvariante:***
*200 g Käse in Salzlake*
*1 Esslöffel Schmand*
*3 Esslöffel gehackte Kräuter (Koriander, Petersilie, Basilikum, Dill)*
*1 Knoblauchzehe*
*Salz*
*Paprikapulver*

***Brat-Gemüse:***
*2–3 große Tomaten*
*10 Cherrytomaten*
*Pflanzenöl zum Braten*
*1 Paprikaschote*
*100 g Champignons*

***Für die Soße:***
*Petersilie, Koriander, Basilikum nach Belieben*
*½ Knoblauchzehe*
*Salz, Pfeffer*
*2–3 Esslöffel Olivenöl*

Auberginen waschen und längs in Scheiben schneiden. Die Pfanne erwärmen und die Auberginenscheiben auf beiden Seiten anbraten. Die angebratenen Auberginen auf Küchenpapier legen. Die Füllung kann in zwei Varianten zubereitet werden.

Walnüsse, fein gehackte Kräuter, Knoblauch, Salz und Pfeffer in einem Mörser gut zerkleinern und Essig dazugeben. Mit der Walnussmasse die angebratenen Auberginenscheiben bestreichen, mit Granatapfelkernen bestreuen und einrollen. Je nach Belieben können die Röllchen mit Mayonnaise und Granatapfelkernen dekoriert werden.

Den Käse grob reiben und Schmand zugeben. Die Kräuter hacken und mit einer gepressten Knoblauchzehe in einem Mörser gut verrühren. Die Kräuter zum Käse geben, rote Paprika zufügen und zu einer einheitlichen Masse verrühren. Die Füllung in die Auberginen geben.

Falls Käse übrig bleibt, kann dieser zu kleinen Kugeln geformt und in gehackten Kräutern gewälzt werden. Der Käsemasse können auch gehackte Walnüsse zugefügt werden.

Große Tomaten halbieren, Cherrytomaten nicht schneiden. Tomaten in einer heißen Pfanne kurz anbraten. Zunächst die angeschnittene Seite anbraten, wenden und die Soße auf der Oberfläche verteilen.
Die Paprikaschote in Ringe schneiden. Champignons und die Paprikaringe kurz anbraten und die Soße dazugeben.
Das angebratene Gemüse gemeinsam mit den Auberginenröllchen und mit gehackten Kräutern bestreut servieren.

Für die Soße Kräuter und Knoblauch klein schneiden und anschließend im Mörser zerkleinern. Salz, Pfeffer und Olivenöl zugeben. Die Soße kann auch im Zerkleinerer zubereitet werden. Falls Soße übrig bleibt, kann diese im Kühlschrank in einem Glas aufbewahrt werden.

Dieses Gericht kann sowohl als Vorspeise als auch als Beilage zu einem Fleischgericht serviert werden.

## *Marinierte Paprika – Marinazvaz pghpegh*

### Մարինացված կարմիր պղպեղ

*500 g Paprikaschoten*
*100 ml Pflanzenöl*
*400 ml Wasser*
*1 Esslöffel Zucker*
*1 Teelöffel Salz*
*5 Pfefferkörner*
*5 Knoblauchzehen*
*1 Bund Sellerieblätter*
*100 ml Essig*

Paprikaschoten waschen und entkernen. 400 ml Wasser mit Öl, Zucker, Salz und Pfefferkörnern in einem Topf aufkochen. Sobald es anfängt zu kochen, 2 Knoblauchzehen, ein Sellerieblatt und Essig zugeben. Die Paprikaschoten zufügen und 3–4 Minuten köcheln lassen, bis sie weich werden.
Die Selleriestange mit ihren Blättern in etwa 5 cm große Stücke schneiden und mit den restlichen Knoblauchzehen in den Sud geben. Nach etwa einer Minute den Topf vom Herd nehmen und abkühlen lassen. Die Paprikaschoten einen Tag im Sud stehen lassen, bis sie vollständig mariniert sind.
Die marinierten Paprikaschoten kann man im Kühlschrank aufbewahren, dazu müssen sie jedoch vollständig vom Sud bedeckt sein.
Marinierte Paprika schmecken hervorragend zu gekochten Kartoffeln.

## *Gefüllte Paprika nach Nachitschewaner Art – Nachitschewani lzonaz pghpegh*

### Նախիջևանի լցոնածպղպեղ

*1 kg Möhren*
*1 Zwiebel*
*Pflanzenöl zum Braten*
*750 g Tomaten oder passierte Tomaten*
*Salz*
*1 Esslöffel Zucker*
*1 Teelöffel scharfer roter Pfeffer*
*Petersilie nach Belieben*
*1 kg grüne Spitzpaprika*

Die Möhren in dünne Streifen schneiden und mit der klein gehackten Zwiebel in Öl anbraten. Die Tomaten häuten und zu einer breiartigen Masse verarbeiten, dazu evtl. einen Zerkleinerer verwenden. Passierte Tomaten sind auch geeignet.
Die Hälfte der Tomaten zu den Möhren hinzufügen. Salzen, mit Zucker, rotem Pfeffer und gehackter Petersilie bestreuen. Das Ganze einige Minuten garen lassen.
Die grünen Paprikaschoten waschen, den oberen Teil wie einen Deckel abschneiden und die Kerne entfernen.
Die Paprikaschoten mit den gegarten Möhren füllen, in einen Topf legen und die restliche Tomatenpaste zufügen. Bei schwacher Hitze garen, bis die Paprikaschoten weich werden.
Dieses Gericht kann sowohl warm als auch kalt serviert werden. Es hat eine gewisse Süße, sollte jedoch scharf sein.

*Für Eilige: Falls die Zeit zum Füllen der Paprikaschoten fehlt, können diese geschnitten und den Möhren zugefügt werden.*

## *Pilze im Töpfchen – Tapakac sunk*

### Տապակած սունկ

*400 g Champignons (oder andere Pilze)*
*1 Zwiebel*
*Salz, Pfeffer*
*Petersilie nach Belieben*
*200 g Hähnchenbrust*
*50 g Butterschmalz*
*300 g saure Sahne*
*1 Teelöffel Mehl*
*150 g geriebener Käse*

Champignons würfeln und mit der fein gehackten Zwiebel in einer Pfanne anbraten. Die fertige Mischung mit Salz und Pfeffer würzen und mit Kräutern bestreuen. Die Hähnchenbrust in dünne Streifen schneiden, würzen und in Butterschmalz anbraten. Pilze zum Fleisch geben, beides vermischen. Saure Sahne und Mehl miteinander vermengen und in die Pfanne geben. Den Pfanneninhalt auf feuerfeste Förmchen verteilen, mit Käse bestreuen und für 10 bis 15 Minuten bei 190 °C Ober- und Unterhitze im Backofen garen.

Das Gericht in den Töpfchen servieren.

## *Pilze nach Dilidjaner Art – Tapakac Sunk*

### Դիլիջանի տապակած սունկ

*400 g Champignons (darunter 8 große)*
*20 g Butter*
*Salz, Pfeffer*
*200 g Hähnchenfilet*
*200 ml Sahne*
*Petersilie, Koriander nach Belieben*
*100 g geriebener Käse*
*1 Esslöffel Schmand oder Mayonnaise*

Die Stiele der großen Champignons abknicken. Champignonköpfe auf ein Backblech legen und mit einem Messer etwas Butter in die Champignons geben. Etwas salzen und pfeffern und die Pilze ca. 2–3 Minuten im vorgeheizten Backofen bei 180 °C Ober- und Unterhitze backen.

Die Filets in sehr kleine Stückchen schneiden, salzen, pfeffern und in einer heißen Pfanne kurz anbraten. Die kleinen Champignons und die Stiele kleinschneiden, auch in die Pfanne geben und ca. 1 Minute anbraten. Sahne, gehackte Kräuter, geriebenen Käse zufügen und eine weitere Minute anbraten. Etwas Salz zufügen.
Die entstandene Masse in die großen Champignons füllen, diese mit dem restlichen Käse bestreuen, einen halben Teelöffel Schmand hinzugeben und für ca. 5–6 Minuten bei 180 °C backen.
Die Champignons als warme Vorspeise servieren.

## Rote Bete-Salat – Achzan bazukov

### Աղցան բազուկով

*300 g Rote Bete*
*70 g Walnüsse*
*Petersilie nach Belieben*
*½ Teelöffel Zucker*
*1 Esslöffel Schmand oder Mayonnaise*

***Für die Marinade:***
*1 Esslöffel Olivenöl*
*1 Esslöffel Essig*
*1 Knoblauchzehe*
*Salz*

Rote Bete gründlich waschen und mit der Schale kochen. ½ Teelöffel Zucker in das Wasser geben. Die gekochte Rote Bete schälen und in dünne Streifen schneiden. Walnüsse und Petersilie klein hacken und zu den Rote Bete-Streifen geben.
Für die Marinade Olivenöl, Essig, eine gepresste Knoblauchzehe und Salz gut vermengen und zu der Roten Bete hinzugeben.
Der Salat kann mit Schmand oder Mayonnaise und gehackten Walnüssen serviert werden.

## Klostersalat – Vanqi achzan

### Վանքի աղցան

*800 g Rindfleisch oder Kalbfleisch*
*Salz, Pfeffer*
*2 Lorbeerblätter*
*3–4 schwarze Pfefferkörner*
*5–6 Knoblauchzehen*
*1 Esslöffel Tomatenmark*
*200 ml Rotwein*
*½ Teelöffel Zucker*
*scharfes Paprikapulver*
*1 Chilischote*
*100 g Walnüsse*
*2 Möhren*
*eingelegte Gurken, Kapern*
*Kresse, Thymian*

***Für die Soße:***
*4 Esslöffel Fond*
*4 Esslöffel saure Sahne*
*1 Teelöffel Senf*

Das Fleisch mit Salz und Pfeffer würzen und im Kochtopf von allen Seiten scharf anbraten.
Das Tomatenmark mit dem Rotwein mischen, Zucker und Paprikapulver zugeben, gut verrühren und das Fleisch damit begießen.
500 ml kochendes Wasser, Lorbeerblätter, Pfefferkörner und Knoblauch in den Kochtopf geben, etwas Knoblauch für die Soße zurückbehalten.
Das Fleisch 10 Minuten köcheln lassen, danach die Hitzezufuhr verringern und schmoren lassen. Dabei immer wieder wenden und bei geringem Flüssigkeitsstand etwas kochendes Wasser (nach Belieben auch Rotwein) zufügen, um sicher zu stellen, dass das Fleisch nicht anbrennt. Für die Schärfe kann eine Chilischote in den Topf gelegt werden. Das fertige Fleisch abkühlen lassen und in dünne Streifen schneiden. Walnüsse zerkleinern, Möhren fein schneiden und mit dem Fleisch vermischen.

Für die Soße die entstandene Schmorsoße des Fleisches mit saurer Sahne und Senf vermischen, gepressten Knoblauch zugeben.
Die Fleisch-Möhren-Mischung in die Soße geben und mit eingelegten Gurken, Kapern und frischen Kräutern servieren.

## *Aveluksalat – Achzan avelukov*

### Աղցան ավելուկով

*300 g getrockneter Aveluk (S. 74)*
*4 Esslöffel Pflanzenöl*
*3 Zwiebeln*
*Granatapfelkörner*
*2 Esslöffel gehackte Walnüsse*
*Salz*

Aveluk waschen, in warmes Wasser geben und über Nacht stehen lassen. Den Aveluk aus dem Wasser herausnehmen, in einen Topf mit frischem Wasser geben und ca. 25–30 Minuten kochen. Aveluk in einem Sieb abtropfen, das noch vorhandene Wasser herausdrücken. Langen Aveluk in 4–5 cm lange Stücke schneiden.
In einer heißen Pfanne Zwiebelringe leicht andünsten. Aveluk hinzufügen und noch einige Minuten weiter dünsten.
Den Salat mit Granatapfelkörnern und Walnüssen bestreuen und lauwarm servieren.
In heißem Zustand kann dieser Salat auch als Beilage zu Kartoffeln und Linsen gereicht werden.

## *Salat aus Kartoffeln und Sauerkraut – Achzan kartofilov ev ttu kaxambov*

### Աղցան կարտոֆիլով եվ թթու կաղամբով

*300 g Kartoffeln*
*1 Zwiebel*
*Salz, Pfeffer*
*½ Teelöffel Zucker*
*1 Teelöffel Essig*
*150 g Sauerkraut*
*2 Esslöffel Olivenöl*
*Basilikum, Petersilie, Koriander*
*Kresse nach Belieben*

Kartoffeln schälen und kochen. Die Zwiebel in dünne Halbringe schneiden, salzen, Zucker und Essig hinzufügen. Alles gut miteinander vermischen und in der Marinade ein paar Minuten ruhen lassen.
Sauerkraut abtropfen lassen, die marinierten Zwiebeln dazugeben und mit Olivenöl vermengen. Die warmen Kartoffeln schneiden, Kräuter fein hacken und mit der Sauerkraut-Zwiebel-Masse vermischen. Der Salat kann entweder warm als Beilage zu Fleischgerichten oder kalt serviert werden.

*oben rechts: Kinder an Ostern beim Eierschlagen*

# Ostergerichte

***Im Frühling, wenn die Natur wieder zum Leben erwacht und uns Wärme und erste Blüten schenkt, wird eines der beliebtesten und fröhlichsten Feste gefeiert – Ostern.***

Die Armenische Apostolische Kirche und das ganze Volk feiern bereits seit mehr als 1700 Jahren dieses wichtige christliche Fest – die Auferstehung Jesu Christi.

Ostern heißt auf Armenisch „Zatik“. Der Ursprung des Wortes entstammt dem Wort „Azatutyun“, was übersetzt Freiheit und Erlösung von Qualen, Bösem und Tod bedeutet.

Das große vierzigtägige Fasten ist vorüber. In den armenischen Gotteshäusern ertönen armenische geistliche Lieder, die den Menschen vom Fest der Auferstehung künden.

Es ist ein helles Ereignis, das durch die leuchtenden Kerzen in den Kirchen noch heller erscheint. Viele Menschen nehmen die in den Kirchen angezündeten und somit gesegneten Kerzen mit nach Hause – als Symbol für das Licht in unseren Seelen.

Ostern ist ein ganz spezielles Fest. Im Altertum waren Puppen aus Stroh die besonderen Symbole – die Oma „Utis“ (von dem Wort „utel“, also essen), die Herrscherin der armenischen Küche, und der Opa „Pas“ (vom armenischen Wort für Fasten). Opa „Pas“ hielt in seinen

*Junge Frau mit traditionellem Osterkranz*

Händen genau 40 Fäden, an deren Ende jeweils ein Steinchen hing. So wurde an jedem Tag der Fastenzeit bis Ostern ein Steinchen abgehängt und somit die Tage bis zu diesem besonderen Ereignis gezählt. Ab dem ersten Tag war auch eine weitere Puppe mit dem Namen „Aklatis“ dabei, die Puppe des Glückes und Begleiterin der Fastenzeit. Nach Ostern wurde diese verbrannt.

Natürlich war und ist das wichtigste und überall bekannte Symbol des Osterfestes jedoch das Ei, insbesondere rot gefärbt. Im Altertum wurden die Eier nicht nur gefärbt, sondern auch mit Miniaturmalereien bedeckt, die das Ei zu einem Kunstwerk werden ließen. Junge Mädchen strickten „Kleidung“ für die Eier und schenkten diese dann ihren Liebsten. Frauen gingen nachts mit angezündeten Kerzen los und dekorierten Obstbäume mit gefärbten Eiern. In diesen Nächten waren die Menschen voller Freude, es wurde gesungen und getanzt.

Bestandteil der österlichen Dekoration war der österliche Baum – der Baum des Lebens –, dekoriert mit Eiern. Der festliche Ostertisch wurde mit sprießendem smaragdgrünen Weizen geschmückt, der zwei Wochen vor dem Fest in Tellern keimte und somit auch die ersten Anzeichen der zum Leben erwachten Natur symbolisierte. Diese Traditionen sind bis heute erhalten geblieben.

Wie in den alten Tagen, so findet man auch heute auf den Ostertischen viele Kräuter und grünes Gemüse, die mit Eiern überbacken werden. Oft wird auch Herzhaftes aus Kräutern und Bohnen gebacken. Ein besonderes Ostergericht ist Reis mit getrockneten Aprikosen, Rosinen und Mandeln. Auch Fisch und Wein dürfen während der Feierlichkeiten nicht fehlen. Der süße Ostertisch ist eine Augenweide für jeden Dessert-Liebhaber, denn der Tisch ist unter anderem gedeckt mit der traditionellen Gata (S. 175), Hefezöpfen mit Rosinen und getrockneten Früchten.

Besonders die Kinder warten immer sehnsüchtig auf Ostern, denn es ist die Zeit des Eierschlagens. Sie schlagen die gefärbten Eier gegeneinander, Gewinner ist derjenige, dessen Ei bis zum Schluss heil bleibt. Die Freude und das Lachen der Kinder prägen dieses Fest. Frieden, Liebe und Ruhe umgibt die Menschen.

## *Osterreis – Zatiki Plav*

### Զատիկի փլավ

*300 g Reis*
*80 g geschmolzene Butter*
*100 g getrocknete Aprikosen oder Dörrpflaumen*
*100 g Rosinen*
*100 g Mandeln*
*1 Esslöffel Honig*
*2 Esslöffel Wasser*
*2 Gewürznelken*
*Zimt nach Belieben*
*Salz nach Belieben*

Den Reis kochen, bis er bissfest ist. Den Reis in ein Sieb geben, ein wenig mit warmem Wasser überspülen und abtropfen lassen. In einem breiten, aber nicht tiefen Topf die Butter schmelzen und den Reis hinzugeben, verrühren und bei sehr schwacher Hitze ca. 5–10 Minuten dünsten.
Das getrocknete Obst im warmen Wasser waschen. Die Haut der Mandeln mit Hilfe von heißem Wasser abbrühen. Das getrocknete Obst und die Mandeln in einem kleinen Topf bei schwacher Hitze kurz anbraten und den mit Wasser verdünnten Honig dazugeben. Gewürznelken hinzufügen, den Topf schließen und einige Minuten bei schwacher Hitze kochen.
Den Reis auf einen Teller geben, das Obst und die Mandeln darüber geben sowie nach Belieben mit Zimt bestreuen.

## *Gebackener Spargel – Tapakatzh cnebek*

### Տապակած ծնեբեկ

*500 g grüner Spargel*
*30 g Pflanzenöl*
*3 Eier*
*50 g geriebener Käse*
*Kräuter nach Belieben*
*Salz, Pfeffer*

Spargel schälen, holzige Enden abschneiden, in 3–4 gleichgroße Stücke schneiden, im Wasser mit einer Prise Salz 2–3 Minuten blanchieren und in einem Sieb abtropfen lassen.
Hitzebeständige Form einfetten und Spargel hineinlegen. Eier verquirlen, mit der Hälfte des Käses vermischen, mit Salz und Pfeffer würzen und den Spargel übergießen. Restlichen Käse darüberstreuen und alles für ca. 10 Minuten bei 180 °C in den Backofen stellen.
Mit gehackten Kräutern bestreuen und warm servieren. Das Gleiche kann auch in einer Pfanne zubereitet und mit Joghurt serviert werden.
Für einen festlich gedeckten Tisch kann dieses Gericht in mittelgroßen Backringen zubereitet werden.

## *Spargel mit jungen Kartoffeln – Chmorapatik cnebek kartofilov*

## Խմորապատիկ ծնեբեկ կարտոֆիլով

*500 g grüner Spargel*
*Salz*
*200 ml Pflanzenöl*
*500 g junge Kartoffeln*
*1 Paprikaschote*
*Koriander, Petersilie nach Belieben*
*3–4 Radieschen*

***Für den Teig:***
*2 Esslöffel Weizenmehl*
*1 Ei*
*1 Prise Salz*
*Wasser nach Bedarf*

***Für die Soße:***
*½ Knoblauchzehe*
*Salz*
*200 ml Joghurt*
*Kräuter – Koriander, Petersilie*

Spargel waschen und die holzigen Enden entfernen. So in kochendes Wasser mit einer Prise Salz legen, dass die Spargelköpfe nicht im Wasser sind. Ca. 4–5 Minuten kochen.

Für den Teig Mehl, Eier, eine Prise Salz und Wasser vermischen, bis eine flüssige Teigmasse wie Sahne entsteht. Den Spargel in den Teig eintauchen und frittieren.
Kartoffeln schälen und bissfest kochen. Die gekochten Kartoffeln in den Teig eintauchen und auch frittieren. Paprikaschoten in Ringe schneiden und kurz frittieren.
Spargel, Kartoffeln und Paprika mit gehackten Kräutern, von denen etwas für die Zubereitung der Soße zurückbehalten wird, und Radieschen servieren.

Für die Soße Knoblauch pressen und mit Salz verrühren, bis eine Paste entsteht. Mit Joghurt und gehackten Kräutern verrühren. Die Soße separat servieren.

## *Spinat mit Ei – Tapakaz spanach zhvov*

## Տապակած սպանախ ձվով

*500–600 g Spinat*
*2 Esslöffel Pflanzenöl oder geschmolzene Butter*
*2 Eier*
*Salz*

***Soße:***
*200 ml Joghurt*
*½ Zehe Knoblauch*
*Kräuter – Koriander, Petersilie*
*Salz*

Den Spinat waschen und 2–3 Minuten blanchieren. Den Topf dabei mit sehr wenig Wasser füllen, so dass die Spinatblätter nicht anbrennen. Die Spinatblätter müssen ihre Farbe beibehalten. Den Spinat in einem Sieb abtropfen lassen, dann in heißem Öl leicht anbraten. Verquirlte gesalzene Eier hinzugeben.

Für den festlichen Tisch: Den Spinat in eine hitzebeständige Form geben und ein rohes Ei wie ein Spiegelei auf den Spinat schlagen und für einige Minuten bei 180 °C im vorgeheizten Backofen erhitzen.
In einigen Regionen werden zum Spinat leicht angebratene Zwiebelringe gereicht. Als Soße wird Joghurt mit gepresstem Knoblauch und gehackten Kräutern separat serviert.

*Brennnesselsuppe mit Arzacher Brot, gefüllt mit Kräutern (Rezept S. 73)*

# Suppen

*Suppen nehmen in der armenischen Küche eine ganz besondere Rolle ein. Wer einmal eine armenische Suppe probiert hat, erinnert sich an diesen Geschmack noch jahrelang.*

Die Vielfalt der Suppen in der armenischen Küche ist sehr groß. Im Frühling und im Sommer werden vor allem leichte Suppen aus Kräutern und frischem Gemüse zubereitet, im Herbst und Winter hingegen dickflüssigere Suppen aus Gemüse, Hülsenfrüchten und Getreide. Eine Besonderheit der armenischen Küche ist die Verwendung von Früchten, Trockenobst und Nüssen für die alltäglichen Speisen. Hauptsächlich werden die Suppen auf der Grundlage von Fleisch- oder Fischbrühen zubereitet.

Aber auch Vegetarier kommen auf ihre Kosten. Suppen wie der Spas, der aus Matsun bzw. Naturjoghurt hergestellt wird (S. 62), leichte Frühlingssuppen mit Frühlingskräutern sowie kalte Suppen aus Früchten und Beeren sind eine Wohltat für jeden Gaumen.

Die Vielfalt und der besondere Geschmack der armenischen Suppen rufen nicht nur in Armenien Begeisterung hervor. Auch in Russland und anderen ehemaligen Staaten der Sowjetunion sind Suppen wie Chasch, Putuk und Tschchrtma sehr beliebt.

## *Lammeintopf mit Okraschoten – Apur garan msov ev bamiaov*

### Ապուր գառան մսով եվ բամիայով

*1 kg Lamm*
*2 Zwiebeln*
*20 g Butter*
*200 g grüne Bohnen*
*300 g Okraschoten*
*4 Tomaten*
*Salz, Pfeffer*
*Korianderblätter nach Belieben*

Das Lammfleisch in kleine Stücke schneiden und kurz anbraten.
Die klein gewürfelten Zwiebeln in Butter anschwitzen. Grüne Bohnen in 2–3 cm Stücke schneiden. Die feinen Okraschoten waschen und die Stiele entfernen. Die Tomaten schälen und in Stücke schneiden.
Das kurz angebratene Lammfleisch mit angebratenen Zwiebeln, Tomaten, Salz, Pfeffer, grünen Bohnen in einen Topf geben und mit heißem Wasser übergießen, so dass alle Zutaten bedeckt sind. Ca. 45 Minuten köcheln.
Die Okraschoten kommen erst in den letzten 15 Minuten in den Topf. Sie haben diese kurze Garzeit. Die Suppe ist fertig, wenn das Fleisch gar ist.
Vor dem Servieren klein gehackte Kräuter in die Suppe geben.

## *Sommerlicher Etschmiadsiner Eintopf – Amarain Etschmiadsni apur*

Ամառային Էջմիածնի ապուր

*800–1000 g Lammfleisch*
*1 Zwiebel*
*½–1 Esslöffel Butterschmalz zum Braten*
*2–3 Kartoffeln*
*1 Paprikaschote*
*1 Aubergine*
*2 Tomaten*
*Kräuter nach Belieben*

Das Fleisch in Stücke schneiden und vorkochen. Die Fleischstücke aus der Brühe entnehmen und in einer heißen Pfanne mit Butterschmalz braten. Die Zwiebel in kleine Würfelchen schneiden und in einer separaten Pfanne glasig dünsten.
Die Brühe durchseihen und geschnittene Kartoffeln und gebratene Fleischstücke hineingeben. Nach einigen Minuten die in mittelgroße Stücke geschnittene Paprikaschote und die Zwiebel hinzufügen.
Die Aubergine schälen und in ca. 1,5 cm dicke Ringe oder Halbringe schneiden. Tomaten schälen und schneiden. Aubergine und Tomaten in die Suppe geben und köcheln lassen, bis die Aubergine gar ist. Vor dem Servieren klein gehackte Kräuter in die Suppe geben.

Alternativ können die Kartoffeln wie vor Jahrhunderten durch Esskastanien ersetzt werden.

## *Wintereintopf mit Kichererbsen – „Putuk“*

### Պուտուկ

*Putuk sind kleine Tontöpfe, die für die Zubereitung von Speisen im armenischen Ofen „Tonir“ (Tundir) und in Backöfen verwendet wurden*

*800–1000 g Lammfleisch (Lammbrust)*
*150 g Kichererbsen*
*1 Zwiebel*
*20 g Butter*
*1 Paprikaschote*
*2 Tomaten*
*2 Kartoffeln*
*Salz, scharfes Paprikapulver, Pfeffer,*
*Basilikum, Koriander, Bohnenkraut nach Belieben*
*1 Stück Lavasch*

Kichererbsen über Nacht im Wasser einweichen. Lammfleisch in ca. 60–70 g große Stücke schneiden und kochen. Zwiebel in kleine Würfel schneiden und in einer heißen Pfanne glasig dünsten. Geschnittene Paprikaschote und geschälte und gewürfelte Tomaten dazugeben. Falls keine Tomaten da sind, können diese durch einen Esslöffel Tomatenmark ersetzt werden.

Kartoffeln in mittelgroße Würfel schneiden. Fleisch, Kichererbsen, Kartoffeln und die gedünstete Zwiebel mit Paprika und Tomaten in die Tontöpfchen geben und mit Salz, Paprika und Pfeffer würzen. Mit heißem Wasser oder Brühe auffüllen, so dass alle Zutaten bedeckt sind. Töpfchen für ca. 1,5–2 Stunden bei 180 °C in den Backofen stellen. Falls die Flüssigkeit zu schnell verdunstet, immer wieder mit kochendem Wasser nachfüllen.
Vor dem Servieren klein gehackte Kräuter dazugeben, die Töpfe mit einem Stück Lavasch bedecken und heiß servieren.
Man kann Putuk auch im Römertopf zubereiten und statt Lammfleisch Rindfleisch verwenden.

## *Lammfleisch-Quitten-Eintopf – Serkefilov apur*

### Սերկեֆիլով ապուր

*1 kg Lammfleisch*
*1 Zwiebel*
*2 mittelgroße Kartoffeln*
*Salz, schwarzer und scharfer roter Pfeffer*
*1 Esslöffel Tomatenmark*
*200 ml Rotwein*
*½ Teelöffel Zucker*
*2 Äpfel, 1 Quitte*
*Petersilie, Koriander*
*getrocknetes Basilikum*

Das Fleisch in mittelgroße Stücke und die Zwiebel in sehr dünne Ringe schneiden und einige Minuten scharf anbraten. Kartoffeln schälen, in mittelgroße Scheiben schneiden und auf das Fleisch legen. Salz und Pfeffer hinzufügen. Mit kochendem Wasser übergießen, bis die Kartoffeln ca. 3–4 cm unter Wasser sind. Den Kochtopf mit dem Deckel schließen und die Suppe auf schwacher Hitze köcheln lassen, bis die Kartoffeln halb gar sind. Tomatenmark mit heißem Wasser und Rotwein verdünnen, Salz, Zucker und scharfen roten Pfeffer hinzufügen und alles zur Suppe geben. Äpfel und Quitten vom Kerngehäuse befreien, in Scheiben schneiden und ebenfalls zugeben. Suppe noch einige Minuten köcheln lassen.
Mit frisch gehackten Kräutern servieren.

## *Van-Suppe – Vanapur*

Վանապուր

*1 kg Lammfleisch*
*200 ml Weißwein*
*Salz, Pfeffer*
*Thymian*
*2 Zwiebeln*
*1 Esslöffel Tomatenpaste*
*½ Teelöffel Zucker*
*scharfes Paprikapulver*
*getrocknetes Basilikum*
*2 Äpfel*
*1 Quitte*
*Koriander nach Belieben*

Das Fleisch in Stücke schneiden, mit Weißwein, Salz, Pfeffer und Thymian marinieren und ca. 2 Stunden ziehen lassen. Das Fleisch kurz von beiden Seiten scharf anbraten, dünn geschnittene Zwiebel hinzufügen und einige Minuten dünsten. Fleisch und gedünstete Zwiebel mit heißem Wasser übergießen, bis alle Zutaten bedeckt sind. Mit Salz und Pfeffer würzen. Den Topf schließen und die Suppe mit schwacher Hitze köcheln lassen.
Tomatenpaste mit etwas Wasser verdünnen. Zucker, Salz und scharfen Paprika hinzufügen. Sobald das Fleisch fast gar ist, Tomatenpaste und Basilikum zugeben.
Äpfel und Quitten in Spalten schneiden, die Kerne entfernen und in die Suppe geben. Die Suppe noch einige Minuten köcheln lassen, bis die Äpfel und Quitten weich werden.
Die Suppe mit gehacktem Koriander servieren.

## *Suppe mit Fleischbällchen – Kololakov Apur*

Կոլոլակով ապուր

***Für die Fleischbällchen:***
*300 g Hackfleisch (gemischt)*
*1 Ei*
*1 Zwiebel*
*1 Esslöffel Mehl*
*1 Esslöffel Reis*
*2–3 Esslöffel Wasser*
*Salz, Pfeffer*

***Für die Suppe:***
*1 Zwiebel*
*30 g Butter*
*1 Teelöffel Mehl*
*1,5 l Wasser oder Fleischbrühe*
*80–100 g Reis*
*Estragon nach Belieben*
*Salz, rote Paprika*

Für die Fleischbällchen das gemischte Hackfleisch, ein Ei, klein gehackte Zwiebel, Mehl, Reis, Salz, Pfeffer und Wasser vermischen. Aus der Masse walnussgroße Bällchen formen.

Für die Suppe klein geschnittene Zwiebel in zerlassener Butter im Topf anschwitzen, mit Mehl bestreuen und mit ein wenig Wasser übergießen. Die entstandene Flüssigkeit verrühren, damit keine Klumpen entstehen, mit Salz und Paprika würzen und das restliche Wasser zugeben. Fleischbällchen und Reis in den Topf geben und köcheln, bis Fleisch und Reis gar sind. Die fertig gegarten Fleischbällchen sollten auf der Oberfläche schwimmen. Vor dem Servieren die Suppe mit fein gehacktem Estragon bestreuen. Geschmacklich passen dazu auch Bohnenkraut und Dill.

## *Rindersuppe mit Spargel – Apur tavari msov ev cnebekov*

### Ապուր տավարի մսով եվ ծնեբեկով

*600 g Rindfleisch*
*300 g Spargel*
*2 Kartoffeln*
*1 Esslöffel Mehl*
*0,3 g Safran*
*Salz*

Mit dem Rindfleisch einen Rinderfond kochen, dabei etwas Salz zum Würzen hinzufügen. Spargel schälen, die holzigen Enden abschneiden und in 3 bis 4 cm lange Stücke teilen. In den Rinderfond Kartoffeln schneiden. In einer Pfanne Mehl goldbraun anrösten und mit dem Fond vermischen. Nach 10 Minuten den Spargel dazugeben.

Safran mit 100 ml kochendem Wasser übergießen, den Behälter verschließen und warm halten. Der Safranaufguss sollte dunkelbraun sein, mit einem aromatischen Duft.

5 Minuten vor dem Servieren der Suppe den Safranaufguss in die Suppe geben und mit frisch gehackter Petersilie bestreuen.

## *Okraschotensuppe – Apur bamiaov*

### Ապուր բամիայով

*500 g Rindfleisch*
*1 Zwiebel*
*3–4 mittelgroße Tomaten*
*200 g Okraschoten*
*Petersilie, Koriander nach Belieben*
*Salz, Pfeffer*

Fleisch in mittelgroße Stücke schneiden und mit Zugabe von etwas Salz kochen. Die Zwiebel in kleine Würfel schneiden und in einem Topf glasig andünsten. Tomaten mit Hilfe von heißem Wasser häuten, in kleine Würfel schneiden, zur Zwiebel hinzufügen und einige Minuten dünsten.
Fleisch mit Brühe in den Topf mit den Tomaten und der Zwiebel geben. Nach einigen Minuten die Okraschoten hinzufügen und die Suppe weitere 10 Minuten kochen.
Suppe mit gehackten Kräutern servieren.

# *Spas*

## Սպաս

*1 Esslöffel Mehl*
*1 Ei*
*1 l Matsun (Naturjoghurt)*
*200 ml Schmand*
*1,2 l Wasser*
*100 g vorgekochter Weizen*
*Korianderblätter nach Belieben*
*Salz*

Das Mehl mit dem Ei verquirlen. Matsun (Naturjoghurt) und Schmand mit Wasser verdünnen. Den verdünnten Matsun nach und nach in die Mehlmischung geben und auf kleiner Flamme zum Kochen bringen, dabei ständig rühren.
Den Weizen in Wasser kochen, bis er weich ist. Dann den Weizen herausnehmen, in die Suppe geben, salzen und noch ca. 10 Minuten kochen. Mit frischem, gehacktem Koriander servieren.

***Matsun** ist ein nationales armenisches Milchprodukt. Der Naturjoghurt ist besonders dickflüssig und hat einen säuerlichen Geschmack. Das Wort „Matsun“ stammt von dem armenischen Verb „matsusel“ – andichten.*
*Matsun ist ein Multitalent. Im Sommer wird er mit Wasser verdünnt zum „Tan“ – einem beliebten Getränk zum Durststillen und Erfrischen. Entwässerter Matsun wird zur allseits beliebten und wunderbar schmeckenden Vorspeise und Soße. Aber auch mit Matsun zubereitete Suppen sind eine Gaumenfreude der ganz besonderen Art.*

***Spas** ist eine der beliebtesten Suppen aus Matsun sowie gekochtem und getrocknetem Weizen (Dzhavar). Während diese Suppe in Jerewan Spas genannt wird, hat sie in anderen Regionen andere Namen. So heißt sie in Gyumri „Apur“ oder „Tanapur“.*
*Im Winter wird diese Suppe warm serviert, im Sommer hingegen kalt. Vor dem Servieren wird eine große Portion Koriander in die Suppe gegeben.*
*Spas ist eine Suppe für den Alltag, aber auch auf festlich gedeckten Tischen ist sie zu finden. Im Kühlschrank ist Spas lange haltbar, und wer weiß schon, wann ein Familienmitglied oder ein Gast Appetit auf die säuerlich schmeckende Suppe bekommt …*

## *Kartoffelküchlein (Kartoffeltaschen) – Karkandak kartofilov*

### Կարկանդակ կարտոֆիլով

*Kartoffelküchlein sind in armenischen Familien sehr beliebt. Sowohl Kinder als auch Erwachsene lieben sie. Und sie passen hervorragend zum Spas.*

***Für den Teig:***
*2 Eier*
*Salz*
*500 g Matsun (Naturjoghurt)*
*1 Päckchen Backpulver*
*300 g Weizenmehl*
*Sonnenblumenöl zum Frittieren*

***Für die Füllung:***
*500 g Kartoffeln*
*1 Zwiebel*
*1 Esslöffel Sonnenblumenöl*
*verschiedene Kräuter nach Belieben*
*Salz, scharfes Paprikapulver*

Für den Teig Eier mit einem Teelöffel Salz verquirlen. Matsun (Naturjoghurt), Backpulver sowie nach und nach das Mehl zugeben. Teig rühren, bis er an den Händen nicht mehr kleben bleibt und dennoch weich ist, dann mit einem Küchentuch abdecken und eine halbe Stunde ruhen lassen.
Kartoffeln kochen, stampfen und mit den in Öl glasig gedünsteten Zwiebelwürfeln, gehackten Kräutern, Salz und scharfem Paprika vermischen. Ein Brett mit etwas Mehl bestreuen und den Teig dick ausrollen. Dann ca. 1–1,5 cm dicke Stücke schneiden, zu kleinen Teigkugeln formen und kreisförmig ausrollen. Mit der Kartoffelmasse füllen, die Ränder dabei fest zusammendrücken. Kartoffelküchlein in heißem Öl frittieren.

## *Suppe aus Wachtelbohnen – Lobachaschu*

### Լոբախաշու

*250 g Wachtelbohnen (oder Kidneybohnen)*
*1 Zwiebel*
*30 g Pflanzenöl*
*50–70 g Walnüsse*
*1 Knoblauchzehe*
*Salz, scharfes Paprikapulver*
*Koriander nach Belieben*

Die Wachtelbohnen waschen, in einen Kochtopf mit kaltem Wasser geben, zum Kochen bringen und dabei den entstandenen Schaum entfernen. Bei geringer Hitzezufuhr so lange kochen, bis die Bohnen weich werden. Die gekochten Wachtelbohnen stampfen. Die Zwiebel klein hacken, in einer Pfanne glasig andünsten und zu den Bohnen geben. Walnüsse und Knoblauch zerkleinern, in den Topf geben, gut verrühren und mit Salz und Paprikapulver abschmecken. Vor dem Servieren die Suppe mit klein gehacktem Koriander bestreuen.

# *Hühnerbrühe mit verquirltem Ei – Tschchrtma*

## Չխրտմա

*Hähnchen (800–1000 g)*
*Salz*
*1 Möhre*
*1 Zwiebel*
*etwas Mehl*
*0,1 g Safran*
*3 Eigelbe*
*1 Esslöffel Weinessig*
*Koriander nach Belieben*

Das Hähnchen waschen und in einen Topf mit Wasser legen, so dass es 2 bis 3 cm mit Wasser bedeckt ist. Bei starker Hitze zum Köcheln bringen, salzen und eine Möhre dazugeben. Bei geringer Hitze weiter kochen. Es entsteht eine klare Brühe. Das gekochte Hähnchen aus der Brühe nehmen, Haut und Fleisch von den Knochen lösen und in mittelgroße Stücke schneiden.
Zwiebel anschwitzen, mit Mehl bestreuen und goldbraun anbraten. Die Mischung in die Hühnerbrühe geben. Einen Safranaufguss zubereiten. Dazu den Safran mit 100 ml heißem Wasser übergießen, warm halten und zwei Stunden ziehen lassen. Die Farbe des Aufgusses sollte braun sein und aromatisch duften.
In den Safranaufguss Weinessig und Eigelbe geben. Die Zutaten miteinander vermischen, langsam der Hühnerbrühe zufügen und nicht mehr aufkochen. Die Brühe kann mit Fleischstückchen und Koriander serviert werden.

Zu dieser leichten Suppe passen hervorragend Blätterteigtaschen mit Fleischfüllung.

*Armenier erinnern sich besonders gern an die Gerichte ihrer Großmütter. Armenische Großmütter sind das Sinnbild von bedingungsloser Liebe, familiärem Zusammenhalt und alten Traditionen. Sie erzählen ihren Enkelkindern Märchen, geben ihnen ihre Liebe und Wärme, ihre Weisheit und Güte. Sie kennen die besten Rezepte dieser Welt. Wer von ihnen lernt, kann all diese Werte auch an die eigene Familie weitergeben. Selbst wenn man schon erwachsen ist, wird man sich immer an die leckeren Gerichte der Großmutter und die Atmosphäre von Liebe und Geborgenheit erinnern.*
*So erlebte ich in einem der besten armenischen Restaurants, wo der Chefkoch mit seinen Kollegen die erlesensten und raffiniertesten Gerichte zubereitete, folgende Begebenheit: Als es spät wurde und der Arbeitstag vorüber war, rief der Chefkoch seine Frau an und bat sie, die Suppe seiner Großmutter zuzubereiten.*

***Wir bedanken uns bei unseren Großmüttern für alles, was sie für uns getan haben.***

## *Blätterteigtaschen mit Fleischfüllung – Karkandak Msov*

Կարկանդակ մսով

*500 g Hackfleisch*
*1 Zwiebel*
*3 Eier*
*Salz, Pfeffer*
*500 g Blätterteig (TK)*

Das Hackfleisch in einer Pfanne anbraten, kleingewürfelte Zwiebel zufügen. Die Eier kochen, von der Schale befreien, in Würfel schneiden und ebenfalls zum Fleisch geben. Alles mit Salz und Pfeffer abschmecken und miteinander vermengen.

Den Blätterteig etwas auftauen, damit er etwas weicher ist, und in Quadrate schneiden (10 x 10 cm), mit Hackfleisch füllen und zu Taschen formen.

Die Taschen auf ein Backblech legen und mit verquirltem Ei bestreichen. Im vorgeheizten Backofen bei 190 °C ca. 20 Minuten backen.

Die Blätterteigtaschen können zu Brühen und Tschchrtma serviert werden.

## *Hähnchensuppe nach Art armenischer Großmütter – Haj tatikneri apur havi msov*

Հայ տատիկների ապուր հավի մսով

*1 kg Hähnchen*
*1 Möhre*
*2 Kartoffeln*
*2 Esslöffel Reis*
*1 Teelöffel getrocknete Kornelkirschen oder eine Scheibe Zitrone*
*Petersilie, Koriander nach Belieben*
*Salz, Pfeffer*

Das Hähnchen waschen, in einen Topf mit kaltem Wasser legen und kochen. Dabei immer wieder den entstandenen Schaum entfernen und salzen. Das gekochte Hähnchen aus der Brühe nehmen, zerteilen und von den Knochen lösen. Die Brühe durchseihen. Die in dünne Streifen geschnittene Möhre, in mittelgroße Würfel geschnittene Kartoffeln, den Reis und die getrockneten Kornelkirschen (kernlos) in die Brühe geben. Falls keine Kornelkirschen zur Hand sind, eine Scheibe Zitrone oder Berberitzen verwenden.
Liebhaber von scharfen Suppen können eine klein geschnittene Chilischote hinzufügen. Das Hähnchenfleisch in die Suppe geben.
Mit frisch gehackten Kräutern servieren.

***Arischta – Hausgemachte Nudeln***

*Arischta sind armenische hausgemachte Nudeln. Der Teig der Nudeln besteht hauptsächlich aus Eiern sowie Mehl und etwas Wasser. Der zubereitete Teig wird dünn ausgerollt, in dünne Streifen geschnitten und getrocknet. Arischta wird für Suppen verwendet, als Beilage gereicht und auch für die Zubereitung von Süßspeisen verwendet, beispielsweise als ein Gebäck aus Nudeln mit Honig. Wird die Arischta als Beilage gereicht, wird sie zunächst in einer Pfanne goldbraun geröstet und danach erst gekocht.*

## *Linsensuppe mit Nudeln –Vospapur Arischtajov*

Ոսպապուր արիշտայով

*300 g Linsen*
*100 g Nudeln*
*30 g Rosinen*
*1 Zwiebel, Salz, Pfeffer,*
*30 g geschmolzene Butter oder Pflanzenöl, 50 g Walnüsse*
*Petersilie, Koriander nach Belieben*

Linsen waschen und kochen, bis sie weich sind. Wenn das Wasser verdunstet, kochendes Wasser hinzugeben. Nudeln und Rosinen zu den Linsen geben.
Die in kleine Würfel geschnittene Zwiebel in Öl glasig dünsten und mit den klein gehackten Walnüssen in die Suppe geben. Mit Salz und Pfeffer abschmecken. Suppe kochen, bis die Nudeln bissfest sind, und mit gehackten Kräutern servieren.

## *Festliche Hühnersuppe mit Nudeln – Tonakan apur arischtajov*

### Տոնական ապուր արիշտայով

*Hähnchen (ca. 1000 g)*
*1 Zwiebel*
*2 Möhren*
*100 g Nudeln*
*Salz, Pfeffer*
*Petersilie, Koriander*

Das Hähnchen waschen und kochen. Dabei immer wieder den entstandenen Schaum entfernen. In die Brühe eine ganze geschälte Zwiebel und eine Möhre geben. Das gekochte Hähnchen aus der Brühe nehmen, zerteilen und das Fleisch von den Knochen lösen. Brühe durchseihen. Die in kleine Streifen geschnittene zweite Möhre, die Nudeln und das Hähnchenfleisch in die Brühe geben, mit Salz und Pfeffer abschmecken. Den Topf vom Herd nehmen, sobald die Nudeln bissfest sind.
Die Suppe mit gehackten Kräutern servieren.

### *Dilidjan*

*Dilidjan ist ein Kur- und Ferienort in der Region Tavusch, die sich am Fluss Agstew befindet. Von Besuchern wird dieser Ort oft als die „kleine Schweiz“ bezeichnet, denn dort gibt es Berge, Wälder, Seen, Flüsse und nicht zuletzt ein tolles und angenehmes Klima, das nicht nur Besucher aus Jerewan lockt, wenn die Temperaturen im Sommer steigen.*

*Eine Straße durch den malerischen Dilidjaner Engpass verbindet die Region mit dem Sewansee. Östlich von Dilidjan befindet sich die Hauptstadt der Region, die Stadt Idschewan. Im Westen liegt die Stadt Wanadzor.*
*Dilidjan ist eine Stadt mit einer uralten Geschichte und einer Vielzahl von Hotels und Ferienhäusern. Die Schönheit des Ortes war bereits Inspiration für Dichter, Schriftsteller und Komponisten, die ihre Lieder Dilidjan widmeten – bis heute. Dilidjan liegt inmitten eines Naturschutzgebietes – eines der schönsten in Transkaukasien.*
*Diese Region ist auch reich an Mineralquellen. Die Zusammensetzung des Dilidjaner Quellwassers ist vergleichbar mit dem Quellwasser Vichy aus Frankreich. Die Abfüllung des Wassers unter dem Markennamen „Dilidjan“ findet in der Dilidjaner Mineralwasserfabrik statt.*
*Aber auch Milchprodukte aus dieser Region überzeugen mit Qualität und Geschmack.*

## *Pilzsuppe mit Nudeln – Sunkapur arischtajov*

Սունկապուր արիշտայով

*400 g Champignons*
*1 Zwiebel*
*etwas Öl*
*2 Kartoffeln*
*70 g Nudeln*
*Salz*
*Petersilie nach Belieben*

Pilze schneiden und mit der in Würfel geschnittenen Zwiebel in heißem Öl andünsten. Heißes Wasser, in große Würfel geschnittene Kartoffeln und Nudeln hinzufügen und salzen. Es sollte alles mit Wasser bedeckt sein. Suppe kochen, bis die Kartoffeln gar sind. Den Topf vom Herd nehmen und gehackte Kräuter zugeben.

Für die Zubereitung dieser Suppe können auch andere frische Pilze oder getrocknete Pilze verwendet werden.

## Pilzsuppe „Dilidjan“ – Sunkapur „Dilidjan“

### Սունկապուր „Դիլիջան“

*400 g Champignons (oder andere Pilze)*
*1 Zwiebel*
*etwas Öl*
*2 Kartoffeln*
*2 Esslöffel Reis*
*Salz, Pfeffer*
*2–3 Pflaumen*
*Petersilie nach Belieben*

Pilze schneiden und mit der in Würfel geschnittenen Zwiebel in heißem Öl andünsten. Heißes Wasser, in große Würfel geschnittene Kartoffeln und Reis zufügen, mit Salz und Pfeffer abschmecken. Die Pflaumen mit Hilfe von heißem Wasser häuten, entkernen, klein schneiden und in den Topf geben. Die Suppe mit kleingehackten Kräutern servieren.

Falls getrocknete Pilze verwendet werden, müssen diese zunächst in Wasser eingeweicht werden.
In manchen Regionen Armeniens werden Dörrpflaumen und Rosinen für diese Suppe verwendet.

## Wildkräuter in der armenischen Küche

Wildkräuter haben eine große Bedeutung in der armenischen Küche. Die vielfältigsten Gerichte können mit ihnen zubereitet werden. Sie dienen nicht nur als Zutaten für Suppen und Salate, sie werden auch mariniert, gebacken und als Gebäckfüllung genutzt. Die Russen spotten manchmal: „Was dem Russen sein Unkraut ist, ist dem Armenier seine Vorspeise."

Viel Aufmerksamkeit gilt insbesondere den heilenden Pflanzen, die bereits seit dem Altertum in der armenischen Medizin verwendet werden.

Nach Berichten des Historikers Artsruni wurden bereits im 4. Jahrhundert Gärten angelegt, in denen nicht nur Pflanzen wuchsen, die den Betrachter entzücken sollten, sondern auch Pflanzen zur Herstellung von Medikamenten. Oft wurden die Heilpflanzen ins Ausland exportiert.

Eine Vielzahl von medizinischen Schriften wird im Matenadaran aufbewahrt. Berühmt ist vor allem die Enzyklopädie der heilenden Arzneikräuter aus dem 15. Jahrhundert: „Unwichtiges für Hinterwäldler" vom Arzt Amirdovlat Amasiaci. Darin werden über 1700 Arzneistoffe beschrieben, ein Großteil aus pflanzlichen Mitteln. Viele dieser Pflanzen spielten jedoch nicht nur in der Medizin eine wichtige Rolle, sondern auch in der armenischen Küche.

In der modernen armenischen Küche gibt es eine Vielzahl von Gerichten aus den verschiedensten Kräutern. Bereits im Frühjahr findet man in den Märkten und Lebensmittelläden frische wilde Kräuter, aus denen kulinarische Delikatessen zubereiten werden.

***Brennnessel***

*Die Brennnessel ist jedem von Kindheit an bekannt, denn wer hat sich nicht schon einmal an diesem Kraut „verbrannt"? Normalerweise versucht man, diesem Kraut aus dem Weg zu gehen, doch gerät dabei oft in Vergessenheit, dass die Brennnessel Vitamin C, Provitamin A (viel mehr als die Möhre), Vitamin $B_1$, $B_2$, Silizium und Eisen enthält. Die medizinische Wirkung dieses Krautes war bereits in der Antike bekannt. Damals wurde die Brennnessel auch zur Herstellung von Stoffgewebe verwendet.*

*Auf den Märkten gibt es die Brennnessel vor allem im Frühling zu kaufen. Mit ihr werden Salate zubereitet, ähnlich wie mit Portulak, Suppen gekocht und Füllungen für Gebäcke hergestellt. In Armenien gehört die Brennnessel zusammen mit vielen weiteren Kräutern zur Füllung des berühmten Arzacher Brotes „Djingialov Hac".*

## *Brennnesselsuppe nach Gugarqer Art – Gugarki apur eghingjov*

### Գուգարքի ապուր եղինձով

*1 Zwiebel*
*30–40 g Butter*
*2 Kartoffeln*
*2 Esslöffel Reis*
*200 g Brennnesseln*
*Salz, Pfeffer*
*1 Ei*
*1 gekochtes Ei*
*Petersilie nach Belieben*

Die Zwiebel in kleine Würfel schneiden, glasig andünsten, in 1,2 l heißes Wasser geben und kochen. Kartoffeln schälen, in große Spalten schneiden und auch in den Topf geben.
Nach einigen Minuten den Reis hinzufügen. Sobald die Kartoffeln und der Reis bissfest sind, die gewaschenen und geschnittenen Brennnesseln hinzufügen, mit Salz und Pfeffer würzen.
Nach ca. 5–6 Minuten die Suppe vom Herd nehmen und das verquirlte Ei unter ständigem Rühren hinzugeben.
Das gekochte Ei vierteln, auf einen Teller legen und die Suppe auf den Teller geben. Mit gehackter Petersilie bestreuen und servieren.

***Aveluk (Ampfer)***

*Aveluk ist wohl eines der bekanntesten wilden Kräuter. Er wird nicht im frischen Zustand verwendet, sondern im Frühjahr gesammelt, geflochten und getrocknet. Dabei findet eine Fermentation statt und die charakteristische Bitterkeit verschwindet. Der getrocknete Aveluk hat einen sehr angenehmen Geschmack und wird für die Zubereitung von Suppen und Salaten genutzt. Natürlich ist Aveluk aufgrund seines spezifischen Aromas Geschmackssache. Die Armenier witzeln: „Wenn du Aveluk zubereitest schau, ob Ausländer in der Nähe sind." Oft ist diese Sorge jedoch unbegründet, denn diejenigen, die sich einmal mit dem Aroma von Aveluk angefreundet haben, möchten ihn nie mehr missen.*

## Aveluksuppe – Avelukov apur

### Ավելուկով ապուր

*200 g getrockneter Aveluk*
*2 Zwiebeln*
*1 Esslöffel Weizenmehl*
*50 g Butter*
*40 g Linsen*
*150 g Kartoffeln*
*Salz, Pfeffer*
*1 Knoblauchzehe*
*Koriander, Basilikum, Petersilie nach Belieben*

Den Aveluk in warmem Wasser waschen und mit der Schere in 3–4 cm lange Stücke schneiden, mit kochend heißem Wasser übergießen und ca. 15 Minuten kochen. Die Zwiebeln in kleine Würfel schneiden und in Butter in einem Topf mit etwas Mehl glasig dünsten. 1 l Wasser hinzugeben. Den gekochten Aveluk und die Linsen in den Topf geben. Nach ca. 15 Minuten auch die in Würfel geschnittenen Kartoffeln hinzufügen. Den Topf vom Herd nehmen, sobald die Kartoffeln gar sind. Die Suppe salzen, pfeffern und gepressten Knoblauch sowie gehackte Kräuter hinzugeben.

Da Aveluk in Deutschland eher unbekannt ist, kann diese Suppe auch mit Grünkohl zubereitet werden.

***Malve***

*Bereits im Altertum bauten Armenier, Ägypter, Griechen und Römer Malven an. Die jungen Blätter und Sprossen sind reich an Karotin sowie Vitamin C und wurden deshalb sowohl für die Zubereitung von Speisen als auch für die Herstellung von Medizin verwendet. Die Malvenblüten nutzte man zum Färben von Wolle und sogar Wein.*
*Die Malve gibt es in Armenien bereits im Frühling. Sie wird für die Zubereitung von Suppen und Salaten verwendet, aber auch als Beilage zu Fleischgerichten serviert.*

## *Malvensuppe – Apur pipertov*

### Ապուր փիփերտով

*500 g Rindfleisch*
*1 Zwiebel*
*2 Kartoffeln*
*1 Möhre*
*300 g Malve*
*Salz*

Die Malvensuppe kann sowohl Fleisch- als auch Gemüsebrühe als Basis haben.
Das Fleisch kochen. Während des Kochens eine geschälte Zwiebel hinzufügen. Das Fleisch herausnehmen und die Brühe durchseihen. In die heiße Brühe geschälte und klein geschnittene Kartoffeln und die Möhre geben.
Die Malvenblätter vom Stiel trennen und waschen. Große Blätter schneiden. Malvenblätter in die Brühe geben. Suppe kochen, bis die Kartoffeln bissfest sind, mit Salz abschmecken.
Auch Reis kann für diese Suppe verwendet werden. Nach Bedarf einen Esslöffel Reis hinzufügen.

*Skulptur der vier Freunde aus dem in Armenien beliebten Kinofilm „Männer" (1972) des Regisseurs Edmond Keosajan (mit den Schauspielern Armen Djigarchanjan, Frunsik Mkrtschjan, Azat Scherenc und Avetik Gevorgjan)*

## Chasch – Legende, Gericht, Metapher

***Die Legende vom Chasch***

*Eines Tages beschloss der König, unerkannt auf Reisen zu gehen, um sein Land und das Leben seiner Untertanen kennenzulernen. Unterwegs ereilte ihn die Dunkelheit und so beschloss er, an einer Bauernhütte anzuklopfen und um ein Nachtlager zu bitten. Die gutmütigen Bauern ließen ihn herein und gaben ihm eine Schlafstelle. Am nächsten Morgen reichten sie ihm zur Stärkung eine nahrhafte Brühe mit zarten Fleischstückchen, die im Munde zerfielen. Dieses wohlschmeckende und sättigende Mahl entzückte den Kaiser so sehr, dass er unbedingt das Geheimnis dieses Gerichtes ergründen wollte. Als er erfuhr, dass es nur aus Rinderfüßen und Kutteln bestand, lud er die Bauersleute auf sein Schloss ein, damit sie ihr Wissen über die Zubereitung des Chasch an seine Köche weitergeben.*
*So kam der Chasch der Legende nach als einfache Bauernspeise an die Adelshöfe und wurde zu einem der beliebtesten Gerichte in Armenien, insbesondere bei Männern – unabhängig von Stand oder Herkunft.*

Chasch isst man nicht einfach, sondern Chasch wird als Festessen genossen, am besten in großer Gesellschaft. Dazu gehört ein spezielles Regelwerk: Der Anfang der kalten Jahreszeit läutet die Chasch-Saison ein, die von vielen Männern mit Vorfreude erwartet wird, da Chasch als ein besonders „männliches Essen" gilt. Offiziell beginnt die Chasch-Saison im September. Der Brauch besagt, dass Chasch nur in Monaten gegessen werden darf, die in ihrem Namen den Buchstaben „r" enthalten: von September bis April. Diese Regel gilt nicht nur

*Die Berge und Bergseen des Vajoc Dzor*

für Chasch, sondern eigentlich auch für Fisch.

Chasch wird meistens zwischen 8 und 9 Uhr am Morgen serviert. Ein Zuspätkommen würde eine Respektlosigkeit gegenüber den Gastgebern bedeuten, käme aber sowieso nicht in Frage, da dieser Termin schon lange zuvor im Kalender rot angestrichen wird.

Wie bei jeder anderen Einladung darf auch bei dieser das Gastgeschenk als ein kleines Dankeschön nicht fehlen. Zum Chasch-Essen eignen sich besonders eine Flasche Schnaps oder ein Blumenstrauß für die Dame des Hauses. Die üblichen Mitbringsel wie Wein, Likör, Cognac, Schokolade oder Kuchen sind hier nicht angebracht.

Der Tradition nach ist das einzige zulässige alkoholische Getränk zum Chasch „Ogi" – Schnaps. Die Beilagen, die zum Chasch gereicht werden, sind auch festgelegt. Das sind zum einen grüne Kräuter wie Dill, Petersilie, Frühlingszwiebeln, Koriander und zum anderen fein geschnittene Rettichscheiben, eingelegtes Gemüse und geriebener Knoblauch, der gesalzen und mit etwas Brühe vermischt wird. Die wichtigste Beilage aber ist trockener Lavasch, der in den Chasch gekrümelt wird.

Bei diesem Gericht wird auf lange Trinksprüche, die bei armenischen Rednern auch etwas länger sein können, verzichtet, da Chasch heiß gegessen wird und das Erkalten somit vermieden werden muss. Nur zu Anfang eines Gelages werden kurze Ansprachen zu Ehren der Gastgeber und zur Begrüßung der anwesenden Personen gesprochen. In der Praxis geht das Chasch-Essen fließend in das Mittagessen über und kann auch bis zum Abend andauern.

Chasch ist für Armenier etwas ganz Besonderes. Nicht umsonst wird Chasch als kulinarische Metapher mit einer langjährigen und engen Freundschaft verglichen: Sowohl das eine wie auch das andere benötigen viel Zeit.

Das Wort Chasch stammt vom armenischen Verb „chaschel" ab, welches „kochen" bedeutet. So kann

*Ein wahrer Mann – das ist derjenige, der sich immer an den Geburtstag seiner Ehefrau erinnert, jedoch ihr Alter nicht kennt.*

(armenisches Sprichwort)

man Chasch mit „das Gekochte“ übersetzen. Übrigens haben einige weitere Namen armenischer Gerichte – wie Chaschlama oder Chaschil – den gleichen Ursprung.
Noch vor 25 bis 30 Jahren war die Zubereitung des Chasch sehr aufwändig. Inzwischen aber kann man sowohl auf Märkten als auch in Geschäften schneeweiße und vollständig gesäuberte Rinderfüße kaufen, die man sich vor Ort fachmännisch in 4 bis 5 Scheiben zersägen lassen kann. Danach werden die Füße in kaltem Wasser 1 bis 2 Tage eingeweicht, dabei wird das Wasser alle 2–3 Stunden gewechselt. Genauso wird auch mit den Kutteln verfahren. Sie werden geschabt und in kaltem Wasser eingeweicht. Vor dem Kochen werden diese in mittelgroße Rechtecke (3 bis 4 cm) geschnitten. Somit ist die Vorbereitung geschafft und der Chasch muss nur noch gekocht werden. Meist wird Chasch am Abend aufgesetzt, damit er am nächsten Morgen fertig ist.
Da zum Chasch immer Gäste eingeladen werden, ist das folgende Rezept für 10 Personen berechnet.

## Chasch

### Խաշ

*4 Kalb- oder Rinderfüße, zersägt in jeweils 3–4 Scheiben*
*1,5 kg Kutteln*

Die Füße in einen breiten Topf legen und mit kaltem Wasser füllen, dabei sollten die Füße 10–15 cm unter Wasser sein. Danach die Füße zunächst bei starker Hitze kochen, dabei den Schaum abschöpfen. Sobald kein Schaum mehr entsteht, die Hitze reduzieren und die Füße ca. 6–8 Stunden köcheln lassen. Das beim Kochen aufschwimmende Fett regelmäßig abschöpfen und in einer Schale sammeln. Sollte das Kochwasser zu stark verdampfen, mit kochendem Wasser nachfüllen. Der Chasch ist fertig, wenn sich das Fleisch vom Knochen löst und sehr weich ist. Das Fleisch und die Knochen aus der Brühe nehmen. Falls nötig, Knochen vom Fleisch lösen. Das Fleisch in kleine Stücke schneiden und wieder in die Brühe geben. Chasch ohne Salz kochen. Gesalzen wird erst beim Essen.
Die geschnittenen Kutteln in einen Topf mit kaltem Wasser legen und ohne Salz kochen. Nach dem ersten Aufkochen das Kochwasser abgießen und mit frischem Wasser auffüllen. Die Kutteln 6–7 Stunden kochen. Kutteln können separat serviert oder nach Belieben in die Brühe mit den Rinderfüßen dazugegeben werden.

Chasch wird sehr heiß und in tiefen Tellern gereicht. Als Beilage Knoblauch mit Salz in einem Mörser zu Brei verarbeiten, mit etwas Brühe verflüssigen und in einem Soßenteller servieren. Zum Chasch werden, wie bereits erwähnt, trockener Lavasch, eingelegtes Gemüse, fein geschnittene Rettichscheiben, Käse und grüne Kräuter gereicht. Als Getränke eignen sich Mineralwasser und gekühlter Schnaps.

*Jetzt bleibt nur noch zu sagen: Guten Morgen und guten Appetit!*

# Hauptgerichte

## Tolma – Spezialität mit Weinlaub

Tolma ist eines der beliebtesten und wohlschmeckendsten armenischen Gerichte und gehört zu jeder Feierlichkeit dazu: Weihnachten, Neujahr, Hochzeit, Taufe. Trotz der Besonderheit des Gerichts bleibt Tolma aber dennoch eine Hausmannskost, die armenische Ehefrauen, Mütter und Großmütter immer wieder für ihre Ehemänner, Kinder und Enkel zubereiten. Allein der Geruch der Tolma reicht aus, um uns an unsere Kindheit zu erinnern. Und wenn das Schicksal einen Armenier in die Fremde verschlagen hat, so ist Tolma ein Stück Heimat. Während er diese Speise genießt, fühlt er sich nach Armenien, in die Täler des Ararats mit ihrer farbenfrohen und wunderschönen Landschaft versetzt.

Die Wurzeln der Tolma reichen bis in die vorchristliche Zeit. Hauptzutat dieses Gerichts sind Weinblätter. Wein wurde seit jeher von Armeniern angepflanzt und verarbeitet, so dass Armenien als die Heimat der Weintrauben gilt.

Unsere Vorfahren nannten Weinblätter „Toli", dieser Name stand Pate für die Bezeichnung des uralten Gerichts. Zunächst wurde Tolma jedoch im Vergleich zu der modernen Version etwas anders zubereitet: In kleine Stücke geschnittenes Lammfleisch und -speck, gewürzt mit den unterschiedlichsten Gewürzen, wurde in Weinblätter gehüllt. Gereicht wurde Tolma mit einer bis heute üblichen Soße aus Joghurt (Matsun) und geriebenem Knoblauch. Die moderne Variante der Tolma bereitet man nicht mehr aus klein geschnittenen Fleischstücken zu, sondern aus Hackfleisch. Dabei blieb es nicht nur beim Lamm, auch Rind und verschiedene Hackfleischmischungen werden verwendet.

Gehört eine Großmutter zu den Gastgebern einer armenischen Fei-

erlichkeit, dann ist neben all den anderen Köstlichkeiten auf jeden Fall auch heiße Tolma garantiert, die im Mund schmelzen wird. Tolma wird immer im heißen Zustand gereicht – lauwarm wird sie bereits vom Tisch genommen. Das liegt am Lammfett, das früher dem Hackfleisch zugefügt wurde. Es erkaltete schnell und hinterließ einen faden Beigeschmack. Obwohl dies heute nicht mehr so gehandhabt wird, ist das Verhältnis zu kalter Tolma eher unterkühlt – auch im übertragenen Sinn: Als „kalte Tolma" bezeichnen Armenier einen Menschen, der weder Humor noch Temperament besitzt und ein eher langweiliger Gesprächspartner ist. Zum Glück findet man derartige Menschen selten in Armenien. Dabei ist Tolma nicht gleich Tolma, es gibt die unterschiedlichsten Variationen. Darunter findet man die sommerliche Tolma mit Kohlblättern und Gemüse wie Auberginen, Tomaten, Paprikaschoten, Zwiebeln, aber auch Obst wie Äpfeln und Quitten. Pasuc Tolma hingegen ist die vegetarische Version mit Hülsenfrüchten, die vor allem zu Neujahr und Weihnachten zubereitet wird.

Da es Armenier abwechslungsreich mögen, reichen die oben beschriebenen Tolma-Varianten nicht aus. Auf dem jährlichen Tolma-Festival in Sardarabat zaubern die armenischen Köche wunderbare Tolma-Variationen. Vergessene und wieder zum Leben erweckte uralte Rezepte und die kreative Herangehensweise der Köche machen dieses Festival unvergleichbar.
Mehr als 60 Variationen des beliebten Gerichts rufen bei den meisten Festival-Gästen Staunen hervor. Neben der klassischen Tolma mit Weinblättern und der sommerlichen (Etschmiadsiner) Tolma mit Kohlblättern gibt es viele ungewöhnliche Tolma-Variationen mit den unterschiedlichsten Zutaten und Soßen.

Natürlich stellt ein derartiges Festival auch die Ausdauer seiner Gäste auf die Probe, denn alle Variationen sollen gekostet und bewertet werden. So können die meisten Gäste nur mutmaßen, welch eine schwierige Aufgabe die Jury des Festivals bewältigen muss, um den Gewinner zu ermitteln. Aber die wahren Gewinner sind bei diesem Fest alle Teilnehmer – Gäste, Jury und Köche, die sich die Hand reichen und gemeinsam den traditionellen armenischen Tanz „Kochari" tanzen. Das Buch mit den verschiedenen Tolma-Varianten, die während des Festivals zubereitet werden, gehört zu den beliebtesten Kochbüchern armenischer Kochliebhaber und ist auch eine schöne Erinnerung an diesen wunderbaren Tag.

Und nun (auf der nächsten Seite) ein Klassiker: die Tolma aus Weinblättern – die Jerewaner Tolma, die auf jeden festlich gedeckten Tisch gehört.

## *Jerewaner Tolma mit Weinblättern – Tolma erevanjan*

### Տոլմա երեվանյան խաղողի տերեւներով

*1 kg Hackfleisch (halb Rind, halb Schwein oder nach Belieben)*
*50 g Reis*
*200 g Zwiebeln*
*Basilikum, Bohnenkraut, Koriander, Petersilie nach Belieben*
*Salz, Pfeffer*
*80 Weinblätter*

***Für die Soße:***
*500 g Joghurt*
*1 Knoblauchzehe*

Dem Hackfleisch Reis, klein geschnittene Zwiebeln, Koriander, Basilikum, Bohnenkraut, Petersilie, Salz, Pfeffer und etwas kaltes Wasser (2–3 Eßlöffel) zufügen und die Masse gut durchmischen.
Frische Weintraubenblätter für ca. 2–3 Minuten in kochendes Wasser legen. Danach die Stiele entfernen. In jeweils ein oder zwei Blätter ein wenig Hackfleischmasse hineingeben, dann die Blätter wie einen Umschlag schließen. Die zubereiteten Tolmas in einen nicht zu tiefen Topf legen, ein wenig Wasser zufügen und mit einem Teller abdecken. Den Topf mit dem Deckel schließen und die Tolmas bei schwacher Hitze ca. 25–30 Minuten kochen.
Dem Joghurt klein gehackten Knoblauch zufügen und mit den Tolmas servieren.

## *Aschtaraker Tolma mit Äpfeln – Aschtaraki chndzorov tolma*

### Աշտարակի խնձորով տոլմա

*400 g Hackfleisch*
*25 g Reis*
*100 g Zwiebeln*
*Basilikum, Bohnenkraut, Koriander, Petersilie (auch getrocknete Kräuter verwendbar)*
*8 mittelgroße Äpfel*
*½ Teelöffel Zucker*
*1 Prise Zimt*
*Rinderfond*

Das Hackfleisch so zubereiten wie für die Jerewaner Tolma aus Weinblättern.
Äpfel waschen und an den Stielenden einen Deckel abschneiden. Das Innere vorsichtig entfernen.
Zucker und Zimt vermischen und eine Messerspitze in jeden Apfel geben.
Die Äpfel mit dem Hackfleisch füllen, mit dem Apfeldeckel zudecken und vorsichtig in einen Topf legen. Zwischen die Äpfel können getrocknete Aprikosen oder Pflaumen gelegt werden.
Den Fond (oder ersatzweise Wasser) in den Topf füllen, bis die Äpfel bis zum Deckel bedeckt sind. Einen Teller auf die Tolmas legen und ca. 25–30 Minuten kochen, bis das Fleisch gar ist. Die Äpfel nicht überkochen.
Die Äpfel mit dem entstandenen Saft servieren.
Dieses Gericht kann auch mit Quitten zubereitet werden.

# *Etschmiadsiner Sommertolma – Etschmiadsni amarain tolma*

Էջմիածնի ամառային տոլմա

*1 kg Hackfleisch*
*50 g Reis*
*200 g Zwiebeln*
*Basilikum, Bohnenkraut, Koriander, Petersilie nach Belieben*
*Salz, Pfeffer*
*1 kleiner Kohlkopf*
*4 mittelgroße Auberginen*
*4 Paprikaschoten*
*4 Tomaten*
*1 Apfel*
*1 Quitte*
*4 Dörrpflaumen*
*1 Esslöffel Tomatenpaste*

Das Hackfleisch wie für die Jerewaner Tolma (S. 84) zubereiten.
Die Kohlblätter für einige Minuten in kochendes Wasser geben, bis sie weich sind. Den harten Strunk der Blätter abschneiden. Einen Teelöffel Hackfleisch in jedes Blatt einwickeln (ca. 6 cm lang und 3 cm breit) und vorsichtig in einen Topf legen.

Das Gemüse waschen. Die Auberginen schälen, den Stielansatz abschneiden und das Innere entfernen. Die Auberginen mit dem Hackfleisch füllen und auf die Kohl-Tolmas in den Topf legen.
Bei den Paprikaschoten am Stielansatz einen Deckel abschneiden, das Kerngehäuse entfernen und mit Hackfleisch füllen. Mit dem Paprikadeckel zudecken und die Paprikaschoten zu den Auberginen in den Topf legen.
Auch bei den Tomaten am Stielansatz einen Deckel abschneiden, das Innere entfernen und aufbewahren. Hackfleisch in die Tomaten füllen, Deckel schließen und zu den Auberginen und Paprikaschoten legen.
Apfel und Quitte in Spalten schneiden und mit den Dörrpflaumen zwischen die Tolma legen. Tomatenpaste mit Wasser und dem aufbewahrten Tomateninneren verdünnen und die Tolma übergießen, bis alles bedeckt ist.
Einen flachen Teller auf die Tolmas legen, den Topf schließen und ca. 35–40 Minuten bei mittelstarker Hitze kochen. Das Gemüse nicht überkochen.
Der Apfel und die Quitte können wie das Gemüse auch mit Hackfleisch gefüllt werden. Die Tolma heiß im eigenen Saft servieren.

## *Pasuc-Tolma – Tolma für die Fastenzeit*

Պասուց տոլմա

*200 g Kidneybohnen*
*100 g Kichererbsen*
*100 g Linsen*
*200 g Weizen oder Bulgur*
*400 g Zwiebeln*
*100 ml Pflanzenöl (Sonnenblumenöl)*
*Salz, Pfeffer*
*2 Esslöffel Tomatenmark*
*100 g Kräuter (Koriander, Bohnenkraut, Thymian, Petersilie, Basilikum)*
*1,5 kg große eingelegte Krautblätter oder frische Kohlblätter*

Für die Füllung Kidneybohnen, Kichererbsen, Linsen und Weizen separat kochen.
Zwiebeln klein hacken und in 50 ml Pflanzenöl dünsten, bis sie glasig sind. Salz, Pfeffer und 1 Esslöffel Tomatenmark hinzufügen. Die gekochten Zutaten in einer großen Schüssel miteinander vermischen, glasig gedünstete Zwiebeln und gehackte Kräuter zugeben.
Die Füllung in die großen Kohlblätter einrollen und in einen Topf dicht aneinander gereiht legen. 1 Esslöffel Tomatenmark mit 200 ml Wasser und 50 ml Pflanzenöl verdünnen und zu den Tolmas geben. Den Topf mit heißem Wasser auffüllen, bis alle Tolmas bedeckt sind. Ca. 20 Minuten kochen, bis die Kohlblätter gar sind.
Pasuc-Tolma wird kalt und mit gebratenen Apfelspalten und Pflaumenhälften serviert. Zusammen mit Nüssen oder Trockenobst erhält das Gericht eine außergewöhnliche Note.

### *Gyumri*

*Die Armenier sind fraglos ein sehr geistreiches Volk. Nicht von ungefähr verbreiteten sich die Anekdoten und Witze des armenischen Radio Jerewan in der ganzen Welt. Gyumri jedoch, die zweitgrößte Stadt Armeniens, gilt als Hauptstadt des Humors. Diese bezaubernde Stadt ist das Zuhause von außergewöhnlichen und talentierten Menschen. Gyumri wird auch Stadt der Dichter und der Kunst genannt. Viele berühmte Schauspieler, Komponisten, Maler, Künstler und Schriftsteller stammen aus dieser für ihre Gastfreundschaft und optimistische Atmosphäre bekannnten Stadt. Es verwundert nicht, dass 1912 die Uraufführung der ersten armenischen Oper „Anusch" des Komponisten Armen Tigranjan (nach einer Geschichte des berühmten armenischen Poeten und Schriftstellers Howhannes Tumanjan) in Gyumri stattfand.*

*Gyumri gehört zu den ältesten Siedlungsgebieten Armeniens, die bereits der antike griechische Historiker Xenophon in seinen Werken festhielt. Im Laufe der Jahrhunderte änderte sich der Name der Stadt immer wieder: Kumairi, Gyumri, Alexandrapol, Leninakan und schließlich wieder Gyumri. Als Zentrum der Kultur und Kunst beeindruckt diese Stadt insbesondere mit ihrer einzigartigen Architektur. Leider wurden einige dieser Gebäude während des Erdbebens 1988 zerstört oder beschädigt. Der Aufbau ist jedoch in vollem Gange.*

*Auch die Küche dieser Stadt ist eine kulinarische Reise wert. Viele sind überzeugt, den besten Chasch und den leckersten Ktschutsch in dieser Stadt gegessen zu haben.*

# Ktschutsch (Lammfleisch mit Gemüse im Tontopf)

Կճուճ

*Ktschutsch, Putuk, Tapak sind spezielle Tontöpfe, in denen traditionell viele leckere Speisen zubereitet wurden und bis heute zubereitet werden. Einige Gerichte wurden sogar nach diesen Tontöpfen benannt, wie beispielsweise der im Rezept beschriebene Ktschutsch.*

*1 kg Lammfleisch (Brust- oder Lendenstück)*
*1 Esslöffel Butterschmalz zum Braten*
*Salz, Pfeffer*
*2 Zwiebeln*
*4–5 Tomaten*
*200 g grüne Bohnen*
*2 Paprikaschoten*
*500 g Auberginen*
*200 g Kartoffeln*
*5–6 Knoblauchzehen*
*Koriander, Petersilie nach Belieben*

***Für den Teigdeckel:***
*300 g Weizenmehl*
*etwas Wasser*
*1 Teelöffel Salz*

Brust- oder Lendenstück in kleine Stücke schneiden. Das Fleisch salzen, pfeffern und in einer Pfanne von beiden Seiten scharf anbraten, bis eine Kruste entsteht. Die Zwiebeln in halbe Ringe schneiden und mit dem Fleisch eine Minute anbraten.
Tomaten in dicke Ringe schneiden (etwa 3–4 Ringe), grüne Bohnen waschen und in 2–3 Stücke schneiden. Paprikaschoten in 4 Teile schneiden und das Kerngehäuse entfernen, Auberginen in etwa 1,5–2 cm breite Ringe schneiden. Kartoffeln schälen und auch in 1,5–2 cm breite Scheiben schneiden. Kleine Kartoffeln nur halbieren.

Das Fleisch mit den Zwiebeln in einen Tontopf (Ktschutsch) legen und darauf die Kartoffeln, Bohnen, Paprika, Auberginen und Tomaten schichten.
Zwischen den Schichten die Knoblauchzehen verteilen. Das Ganze salzen, pfeffern, mit Kräutern bestreuen und mit heißem Wasser aufgießen. Den Ktschutsch mit einem Deckel verschließen und für 2–2,5 Stunden bei 180 °C in den vorgeheizten Backofen stellen. Ist kein Deckel vorhanden, kann auch Alufolie benutzt werden. Wenn das Wasser zu schnell verdampft, etwas kochendes Wasser nachfüllen.
Für den Teigdeckel Wasser nach und nach mit dem Mehl und Salz verrühren, bis eine ziemlich feste Masse entsteht, die sich leicht von den Fingern löst. Den Teig in eine 1,5–2 cm dicke Schicht ausrollen und so ausschneiden, dass der Ktschutsch vollständig bedeckt werden kann.
Nach etwa 30–40 Minuten den Tontopf mit dem Teig hermetisch verschließen und erst dann aus dem Backofen herausnehmen, wenn der Teigdeckel vollständig gebacken ist.
Das Gericht im Ktschutsch servieren.

*Der Ktschutsch wird auch in kleinen Tontöpfen zubereitet und für jeden separat gereicht. Dieses Gericht kann aber auch in einem breiten und nicht tiefen ofenfesten Topf gebacken werden.*

## Festspeise Chaschlama

Chaschlama ist ein Gericht, das insbesondere zu festlichen Anlässen gern gereicht wird. In der Antike wurden während des Festes zu Ehren des Gottes Ara Wallfahrten zu heiligen Orten unternommen. Um den höchsten Priester zu ehren, wurde Chaschlama zubereitet. Dabei wurde für dieses Gericht sowohl Kalb- als auch Lammfleisch verwendet. In einem großen Kochtopf, der über einer offenen Feuerstelle hing, wurde das Fleisch in Bier mit Bergkräutern und Gewürzen gegart. Zunächst wurde die Hälfte der Kräuter und Gewürze in den Topf hineingelegt, dann kam das in Stücke geschnittene Fleisch hinzu, das von den restlichen Kräutern und Gewürzen bedeckt und mit Bier übergossen wurde. Das Fleisch wurde so lang gegart, bis es das Aroma der Kräuter in sich aufsog und im Mund fast zerging.

## *Chaschlama (Lammfleisch im Tontopf)*

Խաշլամա

*2 kg Lammfleisch bzw. Rindfleisch*
*200 g Paprikaschoten*
*400 g frische Tomaten*
*Salz, Pfeffer*
*500 ml Wasser oder Bier*
*50 g frische Kräuter*

Das Lammfleisch waschen, in kleine Stücke schneiden, dabei die Knochen nicht entfernen. Das Fleisch in einen Topf legen. Paprikaschoten und Tomaten schneiden und dazugeben. Salz und Pfeffer zufügen. Kaltes Wasser oder Bier (man kann auch eine Mischung aus Wasser und Bier verwenden) in den Topf füllen. Den Topf schließen und das Fleisch bei schwacher Hitze schmoren lassen, bis es gar ist.

Chaschlama je nach Geschmack mit klein gehackter Petersilie, Korianderblättern, Basilikum oder Dill servieren.

Die Chaschlamabrühe separat in einer kleinen Schale servieren. Als Beilage können gekochte Kartoffeln gereicht werden.

***Arzach***

*Brot, gefüllt mit vielen wilden Kräutern – armenisch „Djingialov Hac" –, leckere Suppen aus Lammfleisch mit Äpfeln und Quitten oder vielleicht ein Glas Maulbeerschnaps – dies und vieles mehr kann man im uralten und außergewöhnlichen Arzach verköstigen.*
*Arzach ist ein an historischen Denkmälern, Klöstern, Kirchen und uralten Friedhöfen reiches Gebiet. Außerdem befinden sich hier die Ruinen der legendären Stadt Tigranakert, die vom König Tigran II. dem Großen erbaut wurde. Ungeachtet der schwierigen Umstände legen die Arzacher viel Wert auf die Pflege der jahrhundertealten Kultur, Traditionen und Küche.*

***Geschirr aus Ton: Ktschutsch und Tapak***

*Seit Jahrtausenden ist Tongeschirr unentbehrlich für die Menschen. Einige schön verzierte Exemplare unserer Ahnen sind bis heute erhalten geblieben.*
*Im mittelalterlichen Armenien waren die Städte Dvin und Ani nicht nur für ihre Metall- und Juwelierkunst berühmt, sondern auch für die Kunst der Herstellung von Tongeschirr. Zarte Ornamente zierten sogar das Geschirr für den alltäglichen Gebrauch – Kelche, rote kugelartige Amphoren, verglaste Keramik, Fayence und Glas in allen Variationen.*
*Berühmt war insbesondere das Keramikgeschirr aus Dvin. Es bestach durch seine einzigartige Form. So wurden beispielsweise für die Beförderung von Aromaölen Gefäße in zwiebelähnlicher Form hergestellt. Fayencen wurden sogar nach Europa und viele weitere Länder der Welt exportiert, in denen sie erfolgreich mit der in China hergestellten Keramik konkurrierten.*

*Man sagt, dass Ton die Energie der Erde absorbiert und an alle weitergibt, die mit ihm in Berührung kommen. Vielleicht ist das auch wahr, denn Gerichte, die in Tongefäßen zubereitet werden, sind besonders schmackhaft.*

## Tapaka nach Arzacher Art (Lammkoteletts mit gegrilltem Gemüse)

### Արցախի տապակա

*8 Lammkoteletts mit Knochen*
*2 Kartoffeln, 2 kleine Auberginen*
*2 rote Paprikaschoten*
*2 grüne Paprikaschoten*
*Petersilie, Dill nach Belieben*
*Salz, Pfeffer, 1 Knoblauchzehe*
*4 Tomaten, 2 Zwiebeln*
*2 Esslöffel Olivenöl oder Pflanzenöl zum Braten*

***Für die Marinade:***
*100 ml Weißwein*
*2–3 Esslöffel Olivenöl*
*Thymian nach Belieben*
*Salz und Pfeffer*

Das Fleisch leicht klopfen. Für die Marinade Weißwein, Öl, Thymian, Salz und schwarzen Pfeffer vermengen. Die Lammkoteletts mit der Marinade übergießen. Die Kartoffeln schälen, in dicke Scheiben schneiden und in Öl braten. Die Stiele der Auberginen entfernen, die Auberginen schälen, in ca. 0,5 cm dicke Längsstreifen schneiden, Salz hinzufügen. Paprikaschoten halbieren, Kerngehäuse und die Stiele entfernen. Das Gemüse in Öl braten und auf Küchenpapier legen, um das überschüssige Öl zu entfernen. Die Küchenkräuter fein hacken und im Mörser mit Salz und Knoblauch mahlen. Die grüne Masse auf die Auberginenscheiben streichen. Einen Teil der gebratenen roten Paprika in Streifen schneiden und in die Auberginenscheiben einrollen. Die Tomaten halbieren, Salz und Pfeffer hinzufügen und in Öl anbraten – zuerst die Schnittfläche, dann umdrehen und mit der grünen Masse bestreichen. Die in Ringe geschnittenen Zwiebeln leicht in Mehl wenden und anbraten. Das marinierte Fleisch in einer heißen Pfanne ohne Öl braten und mit gegrilltem Gemüse und gehackten Kräutern servieren.

**_Areni_**

*Areni ist wie Gyumri eine der ältesten Siedlungen Armeniens und befindet sich im Vajoc Dzor, einer malerischen Region am Fluss Arpa. Im 13. Jahrhundert wurden hier das Schloss des Fürsten Orbeljan, die berühmte Kirche der Heiligen Jungfrau und das Kloster Norawank erbaut. Das Kloster Norawank wurde zur Residenz des Bischofs von Sjunik und damit auch zu einem wichtigen geistlichen und kulturellen Zentrum Armeniens.*

*Areni – dieser Name ruft bei den meisten Armeniern Erinnerungen an einen großartigen Wein, an die dunkelviolette Weintraubensorte Areni und die smaragdgrünen Weinberge hervor.*

*In Höhlen unweit von Areni wurden die ältesten Weingute und die ältesten Lederschuhe der Welt gefunden. Experten schätzen, dass die Schuhe aus dem 6. Jahrtausend v. Chr. stammen.*

*Heute ist dieser Ort vor allem für seinen Wein „Areni“ bekannt. Jedes Jahr veranstalten Weinhersteller hier ein „Festival der Weine“, an dem Weinliebhaber aus Armenien und dem Ausland teilnehmen und dabei die Vielfalt und den wunderbaren Geschmack der armenischen Weine entdecken.*

## *Tapaka „Areni“ (Kalbfilets in Champignon-Rotwein-Soße)*

### Տապակա „Արենի“

*ca. 800 g Kalbfilets*
*Salz, Pfeffer*
*Bohnenkraut nach Belieben*
*100 ml Weißwein*
*2 Esslöffel Planzenöl zum Einreiben*
*50 g geschmolzene Butter oder Öl*

**_Für die Soße:_**
*200 g Pilze (Champignons)*
*50 ml trockener Rotwein*
*100 ml Sahne*
*Salz, Pfeffer*

Filets in ca. 1,5–2 cm breite Scheiben schneiden und leicht klopfen. Das Fleisch salzen, pfeffern, mit Bohnenkraut einreiben, mit dem Weißwein marinieren und ca. 2 Stunden ziehen lassen. Fleisch abtrocknen, mit Pflanzenöl einreiben und weitere 20 Minuten ziehen lassen. In einer heißen Pfanne zunächst ohne Butter anbraten. Sobald eine Kruste entstanden ist, etwas Butter in die Pfanne geben. Das Fleisch noch eine 1 Minute braten und auf einen Teller legen.

Für die Soße Champignons schneiden und in der Fleischpfanne anbraten. Rotwein und danach Sahne dazugeben. Salzen und pfeffern.

## Gefüllte Tomaten (als Beilage) – Lconats lolik

Լցոնած լոլիկ

*4 Tomaten*
*200 g Champignons*
*Salz, Pfeffer*
*Petersilie, Koriander nach Belieben*
*½ Teelöffel Weizenmehl*
*100 ml Sahne*
*100 g geriebener Käse*

Am Stielansatz der Tomaten einen Deckel abschneiden und das Innere herausnehmen. Champignons schneiden und anbraten. Salz, Pfeffer, gehackte Kräuter, Mehl, Sahne und einen Teil des Käses dazugeben und verdicken lassen. Die Tomaten mit den Champignons füllen, den restlichen Käse auf die Tomaten streuen. Gefüllte Tomaten für 5–6 Minuten bei 180 °C im vorgeheizten Backofen garen.

Zu diesem Gericht wird meist eine fruchtige Kornelkirsch- oder Pflaumensoße (S. 98) gereicht.

## *Kornelkirsch- oder Pflaumensoße – Honi ev salori tanzruk (sous)*

Հոնի եվ սալորի թանձրուկ (սոուս)

*500 g Kornelkischen oder Pflaumen*
*Korianderblätter nach Belieben*
*1 Msp. gemahlener Koriandersamen*
*1 Knoblauchzehe*
*½ Teelöffel scharfes Paprikapulver*
*50 ml trockener Weißwein*
*Salz, Zucker nach Belieben*

Kornelkirschen oder Pflaumen kochen, passieren und in einen Topf geben. Gehackte Kräuter, gepresste Knoblauchzehe, scharfen roten Paprika, gemahlene Koriandersamen, Rotwein, Salz und Zucker dazugeben und ca. 5 Minuten köcheln lassen.
Die kalte Soße kann in einem verschließbaren Glas im Kühlschrank aufbewahrt und auch zu anderen Fleisch- und Geflügelgerichten gereicht werden.

## *Hähnchen mit Okraschoten und Brombeeren – Moschabujr Tapaka*

Մոշաբույր տապակա

*2 mittelgroße Hähnchen (je ca. 400 g)*
*Salz, Pfeffer, 2 Zwiebeln*
*200 g Okraschoten*
*100 g Brombeeren*
*Dill, Petersilie, Koriander nach Belieben*

Die Hähnchen in Stücke schneiden, salzen, pfeffern und je 1 Minute von allen Seiten scharf anbraten. Den Topf mit dem Deckel schließen und die Hähnchen weiter garen lassen. Die Zwiebeln in große Scheiben schneiden. Zu den Hähnchen geben. Die Stiele der Okraschoten schräg schneiden und auch in die Pfanne geben. Kurz bevor das Gericht fertig gegart ist (nach ca. 30 – 40 Minuten), die Brombeeren dazugeben.
Das Gericht mit frischen Kräutern bestreuen und servieren.

## *Hähnchen mit Gemüse – Scharovi*

Շարովի

*800–900 g Hähnchen*
*40 g Butter*
*100 g Zwiebeln*
*200 g Kartoffel*
*250 g Auberginen*
*100 g grüne Paprikaschoten*
*300 g Tomaten*
*Salz, Zimt, Gewürznelken, Pfeffer*

Hähnchen säubern, salzen und in Stücke schneiden. Ein Stück Butter in einem Topf schmelzen lassen und das Hähnchen hineingeben. In Ringe geschnittene Zwiebel, in Scheiben geschnittene Kartoffeln, Auberginen, grüne Paprikaschoten und Tomaten auf das Hähnchen schichten. Salz, Zimt, Nelken und schwarzen Pfeffer nach Belieben hinzufügen. Topf gut verschließen, das Hähnchen bei schwacher Hitze ca. 50 – 60 Minuten garen und mit gehackter Petersilie servieren.

## *Bumbar aus Fleisch – Bratwürste mit Granatapfelkernen – Bumbar nrov*

Բումբար նռով

*800 g Lammfleisch*
*2 Eier*
*Dill nach Belieben*
*Salz, Pfeffer, 2 Knoblauchzehen*
*30–40 g Granatapfelkerne*
*50–60 cm dünner Darm vom Lamm oder Schwein*
*80 g geschmolzene Butter*

Das Lammfleisch zweimal durch den Fleischwolf drehen. Zum fein gehackten Fleisch Eier, Dill, Salz, Pfeffer, Knoblauch und Granatapfelkerne zufügen, alles gut vermischen und für eine Stunde an einen kühlen Ort stellen.

Die Fleischmasse in eine Spritztüte geben und in den Darm füllen. Den Darm nach jeweils 20 cm mit einem Faden fest verschließen und abschneiden. Die Bratwürste (Bumbar) in einer heißen Pfanne in Butter braten und heiß servieren. Separat werden dazu Zitronenscheiben oder getrocknete Berberitzen gereicht.

## *Hähnchen „Borani“ – Kanach lobov borani*

Կանաչ լոբով բորանի

*800 g Hähnchenbrustfilets*
*2 Esslöffel Olivenöl*
*Petersilie, Koriander nach Belieben*
*Chili, Salz*

***Für die Beilage:***
*800 g grüne Bohnen*
*etwas Öl*
*3 Eier*
*Kräuter nach Belieben*
*Salz, Pfeffer*
*400 g Cherrytomaten*

***Für die Soße:***
*150 ml Joghurt*
*1 Knoblauchzehe*
*gehackte Petersilie, Koriander nach Belieben*
*Gurke nach Belieben*

Für die Marinade Olivenöl, gehackte Kräuter, Chili und Salz verrühren. Hähnchenfilets darin marinieren und 2 Stunden ruhen lassen.

Die Enden der grünen Bohnen abschneiden, in 3–4 gleichgroße Stücke schneiden, in etwas gesalzenes kochendes Wasser geben und ca. 10–15 Minuten blanchieren. Die Bohnen im Sieb abtropfen lassen.
Bohnen in etwas Öl in einer heißen Pfanne kurz anbraten. Eier verquirlen, mit Kräutern, Salz und Pfeffer verrühren und zu den Bohnen geben.
Die Filets in einer zweiten Pfanne braten. Die Cherrytomaten in die Pfanne geben und kurz anbraten.
Filets mit Bohnen und Tomaten servieren.

Für die Soße den Joghurt mit einer gepressten Knoblauchzehe verrühren. Nach Bedarf Kräuter und geriebene Gurke hinzufügen. Die Soße separat servieren.

Alternative Zubereitungsart:
Gekochte Bohnen und gebratene Filets mit verquirlten Eiern übergießen, mit Tomatenringen bedecken und für einige Minuten bei 180 °C in den vorgeheizten Backofen stellen, bis die Eier stocken.

## *Hähnchenroulade mit Basturma – Rulet havi msov ev basturmajov*

Ռուլետ հավի մսով եվ բաստուրմայով

*4 Hähnchenbrustfilets*
*8 Scheiben Basturma (Rinder-Dörrfleisch)*
*1 Paprikaschote*
*20 g Butter*
*2–3 Eier*
*Estragon, Koriander*

Die Filets der Länge nach anschneiden, öffnen und leicht klopfen.
Die Basturmascheiben und die Paprikaschote in dünne Streifen schneiden und in heißer Butter anbraten. Verquirlte Eier mit gehackten Kräutern dazugeben. Den Gewürzmantel des Basturmas nicht entfernen, er verleiht dem Gericht eine pikante Schärfe. Das Omelett auf die Filets verteilen und zu einer Roulade rollen. Die Ränder mit Holzstäbchen befestigen. Die Rouladen in einer Pfanne braten oder bei 180 °C für ca. 20–25 Minuten im Backofen garen. Falls die Rouladen im Backofen zubereitet werden, zunächst etwas Schmand auf der Oberfläche verteilen.
Als Beilage eignet sich gebratener Blumenkohl (Rezept S.102).

## *Gebratener Blumenkohl, Champignons und Tomaten (Beilage)*

Տապակած ծաղկակաղամբ, սունկ, լոլիկ

*200 g Blumenkohl*
*1 Ei*
*Salz, Pfeffer*
*100 g Champignons*
*200 g Cherrytomaten*
*3–4 Esslöffel Olivenöl*

Den Blumenkohl in kleine Röschen teilen, im heißen, leicht gesalzenen Wasser 3–4 Minuten blanchieren. In einem Sieb abtropfen lassen. Das Ei verquirlen und etwas Salz und Pfeffer dazugeben. Die Blumenkohlröschen und gesäuberten Champignons in das Ei eintauchen und in einer heißen Pfanne braten. Cherrytomaten separat leicht anbraten.
Einige Köche panieren den Blumenkohl auch mit Paniermehl.
Dieses Gericht kann auch aus Putenfilets zubereitet werden.

## *Tschalkaschovi – Plav aus Reis und Linsen*

Չալքաշովի

*Tschalkaschovi wird seit jeher von armenischen Köchen gern zubereitet. Das Rezept für das Gericht wurde sogar in einem 300 Jahre alten Kochbuch festgehalten, das sich in der Bibliothek des armenisch-katholischen Nonnenordens befindet, der 1712 in Venedig auf der Insel San Lazzaro gegründet wurde.*
*Sowohl in Restaurants als auch Zuhause wird dieses Gericht mit ganz besonderer Hingabe und Freude für Gäste und Familienmitglieder zubereitet.*

*150 g Reis*
*150 g Linsen*
*30–50 g geschmolzene Butter oder Pflanzenöl*
*5–6 Pflaumen*
*Salz*

Reis und Linsen separat bis zur Bissfestigkeit kochen. In einem breiten, nicht sehr tiefen Topf die Hälfte des Öls oder der Butter erhitzen, die Reis-Linsen-Mischung hinzufügen und mit dem restlichen Öl übergießen. Den Plav noch eine Minute bei schwacher Hitze auf dem Herd lassen.
Die Pflaumen halbieren, entkernen, in einer Pfanne anbraten und vor dem Servieren auf dem Tschalkaschovi verteilen.
Tschalkaschovi kann als Hauptgericht gereicht werden, ist aber auch eine hervorragende Beilage zu Fleisch- und Geflügelgerichten.
Dazu passt gebratenes Hähnchen mit Gemüse.

## Gebratenes Hähnchen mit Gemüse – Takapac havi mis bandjareghenov

## Տապակած հավի միս բանջարեղենով

*400 g Hähnchenfilets*
*Salz, Pfeffer, roter scharfer Paprika*
*etwas Öl*
*1 Zwiebel*
*1 Möhre*
*1 rote und 1 gelbe Paprikaschote*
*2 Pflaumen*
*Basilikum, Dill, Bohnenkraut nach Belieben*

Die Hähnchenfilets in dünne Streifen schneiden, salzen, pfeffern und in einer heißen Pfanne mit etwas Öl braten. In einer separaten Pfanne Zwiebelhalbringe, in Streifen geschnittene Möhre und Paprikaschoten braten. Pflaumen in dünne Spalten schneiden, mit dem gebratenen Gemüse zu den Hähnchenfilets geben, Kräuter zufügen und ca. 2 Minuten weiter garen. Mit dem Tschalkaschovi (S. 102) servieren.

## *Fleischroulade mit Ei und Pilzen – Kololik dzvov*

## Կոլոլիկ ձվով

*600–700 g Hackfleisch (gemischt)*
*1 Ei*
*1 Zwiebel*
*1 Esslöffel saure Sahne*
*½ rote Paprikaschote*
*1 Teelöffel Mehl*
*Salz, Pfeffer*

***Für die Füllung:***
*1 Zwiebel*
*400 g Champignons*
*etwas Öl*
*5 hart gekochte Eier*
*1 Frühlingszwiebel*

***Für die Soße:***
*100 g geriebener Käse*
*100 ml Sahne*
*Dill nach Belieben*

Die Zwiebeln in ganz kleine Würfel schneiden, Champignons hacken, in Öl braten, abkühlen lassen. Ei, saure Sahne, in kleine Würfel geschnittene Paprika, Mehl und die Hälfte der Champignons und Zwiebeln ins Hackfleisch geben. Mit Salz und Pfeffer würzen und gut kneten.
Ein Stück Alufolie mit Öl bestreichen und das Hackfleisch ca. 1,5–2 cm dick rechteckig ausbreiten.
Die restlichen Champignons und Zwiebeln in die Mitte des Hackfleisches legen. Hart gekochte Eier obenauf legen und mit der in dünne Ringe geschnittenen Frühlingszwiebel bestreuen. Das Hackfleisch zu einer Roulade rollen, mit saurer Sahne bestreichen und für ca. 25–30 Minuten bei 180 °C in den vorgeheizten Backofen legen. Die Fleischroulade mit dem entstandenen Fett ein paar Mal während des Garens übergießen.
Für die Soße den geriebenen Käse zur Sahne geben und bei schwacher Hitze unter ständigem Rühren erhitzen. Milder Käse kann mit Salz abgeschmeckt werden. Den Käse schmelzen lassen. Soße vom Herd nehmen, gehackten Dill oder Koriander dazugeben. Die Käsesoße separat servieren.

## *Kartoffeln mit Sauerkraut (Beilage) – Kartofil ttu kaxambov (kachambov)*

## Կարտոֆիլ թթու կաղամբով

*300 g Kartoffeln*
*1 Zwiebel*
*1 Esslöffel Olivenöl*
*Salz, Pfeffer*
*50 g Sauerkraut*
*2 Esslöffel Olivenöl*

Die Fleischroulade kann mit gestampften Kartoffeln und Sauerkraut serviert werden. Dafür Kartoffeln schälen, kochen und danach etwas stampfen. In einer Pfanne Zwiebelwürfelchen glasig dünsten, Sauerkraut abtropfen lassen und zu den Kartoffeln geben. Mit Salz und Pfeffer abschmecken. Nach Belieben mit frischen, gehackten Kräutern (Koriander, Dill oder Petersilie) bestreuen.

***Aragazotn***

*Wenn den Armeniern die Sommerhitze zu viel wird oder sie bereits im Sommer Chasch – ein Wintergericht – verspeisen möchten, dann ist eine Reise nach Aragazotn angesagt. Der Berg Aragaz ist mit seinen vier Gipfeln der höchste im heutigen Armenien. Auf dem Weg dahin können die Reisenden eine prächtige Natur und interessante Denkmäler bewundern.*

*Die Provinz Aragazotn – was „am Fuße des Berges Aragaz" bedeutet – befindet sich an der südlichen Seite des Aragaz. Von diesem Ort aus ist ein herrlicher Blick in die Täler des Ararat und auf die Festung Amberd garantiert.*

## *Tapaka „Aragazotn" – Gebratenes Schweinefleisch mit Quitten und marinierten Trauben*

### Տապակա „Արագածոտն"

*600–700 g Schweinekoteletts mit oder ohne Knochen (4 Stück)*
*1 Esslöffel Mayonnaise*
*1 Teelöffel Meerrettich*
*etwas Öl*
*2 Quitten*
*etwas geschmolzene Butter*
*marinierte Trauben (vgl. Rezept für mariniertes Obst S. 201)*

***Für die Nusssoße:***
*100 g Walnüsse*
*2 Esslöffel gehackte Kräuter (Petersilie, Koriander, Thymian)*
*½ Knoblauchzehe*
*2 Esslöffel Olivenöl*
*Salz, Pfeffer*

Für die Nusssoße Walnüsse, gehackte Kräuter, Knoblauch, Salz, Pfeffer und Olivenöl in einem Mörser verrühren.
Mayonnaise, Meerrettich und ein Esslöffel Walnusssoße vermischen und auf die Oberfläche der Koteletts verteilen. Das Fleisch ca. 1 Stunde im Kühlschrank ziehen lassen.

Die Koteletts mit sehr wenig Öl in einer bereits heißen Pfanne braten.
Die Quitten waschen, in Spalten schneiden und in einer Pfanne mit geschmolzener Butter braten, bis die Quittenspalten weich und goldig werden.
Die gebratenen Koteletts mit den gebratenen Quitten, marinierten Trauben und der Walnusssoße servieren. Nach Bedarf das Gericht mit Thymianblättern bestreuen.

## Tial – Fleisch nach armenischer Art

Armenier bevorzugen Fleischgerichte. Wenngleich in der armenischen Küche beachtliche Mengen Gemüse, Obst und Kräuter verarbeitet werden, können die meisten Armenier dennoch nicht als Vegetarier bezeichnet werden.

Als es noch keine Kühl- und Gefrierschränke gab, haben sich die Menschen viel einfallen lassen, um ihre Produkte und Fleischreserven aufzubewahren. Aus diesen Ideen heraus entstanden später viele kulinarische Meisterwerke, die bereits seit Jahrhunderten zubereitet werden.

Tial ist ein uraltes armenisches Gericht oder besser gesagt eine besondere Art der Fleischzubereitung, die genutzt wurde, um das Fleisch haltbar zu machen. Das Rezept ist ziemlich einfach: Das Fleisch wurde gesalzen, gekocht, gebraten und dann in Tongefäße gelegt, mit heißer Butter begossen und an einem kalten Ort aufbewahrt. Auf diese Art und Weise war das Fleisch einen ganzen Winter lang haltbar.

Heute ist diese Art der Zubereitung eigentlich nicht mehr nötig. Da dieses Fleischgericht aber so wohlschmeckend ist, wird es nach wie vor zu wichtigen Anlässen als Delikatesse gereicht. Tial bedeutet „schmelzen“, und der Name für das Gericht ist gut gewählt, denn das Fleisch schmilzt bei Genuss förmlich im Mund. Tial wird im kalten Zustand fein geschnitten als Vorspeise gereicht. Das Fleisch wird jedoch auch verwendet, um andere warme Gerichte zuzubereiten. So können viele Fleischgerichte mühelos und sehr schnell gekocht werden. Wie sich insbesondere Männer über Tial freuen, erkennt man zumeist an ihren leuchtenden Augen.

## Tial – Thal

### Տհալ

*2 kg Lamm- oder Rindfleisch*
*200 g Salz*
*400–500 g geschmolzene Butter*

Fleisch in ca. 150–200 g große Stücke schneiden. Knochen und Speck entfernen. Das Fleisch salzen und einen Tag im Kühlschrank ruhen lassen.
Am nächsten Tag das Fleisch gründlich waschen und kochen. Das gekochte Fleisch aus der Brühe heraus nehmen und in einer Pfanne in geschmolzener Butter braten.
Das Fleisch in verschließbare Gläser legen und mit heißer geschmolzener Butter übergießen, bis das Fleisch mit ca. 2 cm bedeckt ist.
Die Gläser mit ihren Deckeln verschließen, abkühlen lassen und in den Kühlschrank legen. Dabei sollte das Fleisch immer luftdicht bedeckt sein.
Tial wird sowohl warm als auch kalt serviert. Die geschmolzene Butter des Tial kann zum Braten verwendet werden.

## Gebackener Tial

### Տապակած տհալ

*300 g Kartoffeln*
*50 g geschmolzene Butter*
*300 g Tial*
*200 g Tomaten*
*Salz, Pfeffer*
*2 Eier*
*Petersilie nach Belieben*

Kartoffeln in Spalten schneiden und in einer heißen Pfanne anbraten. Tial in kleine Stücke schneiden und Tomaten dazugeben. Salzen, pfeffern und mit verquirlten Eier übergießen. Für ca. 5–8 Minuten in den vorgeheizten Backofen bei 180 °C stellen. Den gebackenen Tial mit gehackter Petersilie bestreuen und direkt in der Pfanne servieren.

# Es muss nicht immer Fleisch sein …

## *Kürbisbrei – Ddmakaschovi*

Դդմաքաշովի

*500 g Kürbis*
*100 ml Milch*
*Salz*
*2–3 Esslöffel Zucker*
*50 g Reis*
*50 g Butter*
*100 g Rosinen*
*1 Zwiebel*

Den geschälten, von den Kernen befreiten Kürbis in Stücke schneiden, in einen Topf geben und heiße Milch dazugeben. Salz, Zucker, Reis, Butter und Rosinen hinzufügen. Fein gewürfelte Zwiebel leicht in Butter dünsten und zu den restlichen Zutaten geben.
Den Topf verschließen und den Kürbis kochen, bis er weich ist. Den Kürbis nicht verkochen, Kürbisstücke sollen nach dem Kochen noch erkennbar sein. Gelegentlich umrühren, damit nichts anbrennt.
Den Kürbis nach Belieben kalt oder warm servieren.

## *Tolma mit Tomaten und Pilzen – Sunkov lconatz lolik*

### Տոլմա լոլիկով եվ սունկով

*8 mittelgroße Tomaten*
*100 g Reis*
*1 Zwiebel*
*½ Knoblauchzehe*
*200 g Champignons*
*50 g Butter*
*50 g geriebener Käse*
*Koriander, Petersilie nach Belieben*
*Salz, Pfeffer*

Tomaten waschen, den Stielansatz wie einen Deckel abschneiden und das Innere der Tomate entfernen. Den Reis kochen.
Die Zwiebel, Knoblauchzehe und Champignons klein schneiden, anbraten und mit dem gekochten Reis vermischen. Klein gehackte Kräuter hinzufügen. Mit Salz und Pfeffer abschmecken.
Die Masse in die Tomaten füllen und mit dem geriebenen Käse bestreuen. Ein Backblech mit Butter bestreichen und die Tomaten nebeneinander stellen. Kleine Stückchen Butter auf die Tomaten legen. Die Tomaten mit ihren Deckeln schließen und bei 180–190 °C für etwa 10–15 Minuten in den vorgeheizten Backofen stellen. Die Tomaten dürfen nicht verkochen.

## *Borani aus Rote-Bete-Blättern – Borani bazuki cochunov*

### Բորանի բազուկի ցողունով

*500 g Rote-Bete-Blätter (oder Rübenkraut)*
*1 Zwiebel*
*30 g Butter*
*2 Eier*
*1 Esslöffel Milch*
*Salz, Pfeffer*
*Prise gemahlene Muskatnuss*

***Für die Soße:***
*200 g Joghurt*
*1 Knoblauchzehe*

Die jungen Rote-Bete-Blätter waschen, in 4–5 cm große Stücke schneiden und in etwas Wasser blanchieren, bis die Blätter etwas weicher werden. Im Sieb abtropfen lassen.
Halbe Zwiebelringe anbraten und Rote-Bete-Blätter in die Pfanne geben.
Hitzebeständige Form mit Butter einfetten und die Rote-Bete-Blätter hineinlegen.
Eier mit Milch verquirlen, salzen, pfeffern, Muskatnuss hinzufügen und damit die Rote-Bete-Blätter übergießen. Die Form bei 180 °C für einige Minuten in den vorgeheizten Backofen stellen, bis die Eier stocken.

Joghurt mit der gepressten Knoblauchzehe verrühren. Soße separat servieren.

## Armenische Hochzeit

Armenische Hochzeitsfeste sind beeindruckende und unvergessliche Erlebnisse. Sie gelten als Synonym für Freude, Glück, Tanz, Blumen, Geschenke, lachende Kinder und natürlich leckeres Essen. Seit jeher sind armenische Hochzeiten berühmt für ihre Traditionen. Bis heute finden sie nach bestimmten Regeln statt, die seit Jahrhunderten gepflegt werden – ganz gleich, ob sich das Hochzeitspaar in einem kleinen armenischen Dorf, in Jerewan, Moskau oder New York befindet. Auch der Wohlstand der Familien spielt keine Rolle. Da die Hochzeit das größte und wichtigste Fest des Lebens ist und sich zwei liebende Herzen vereinen, sind die meisten Armenier bereit, vieles in dieses Ereignis zu investieren.

Man sagt, Ehen werden im Himmel geschlossen, in Armenien jedoch kommt dieses Ereignis nicht ohne das Einverständnis und die Segnung der Eltern aus.

Die armenische Eheschließung besteht aus drei Etappen – das Um-die-Hand-Anhalten, die Verlobung und die eigentliche Hochzeit.

### *Die Voretappe*

Früher gingen die Mittelsmänner – meistens gemeinsame Bekannte – mit der Familie des zukünftigen Bräutigams zur Familie der zukünftigen Braut, um um ihre Hand anzuhalten.

Heute besitzt diese Etappe einen eher formalen Charakter. Denn sie dient dazu, dass sich die beiden Familien gegenseitig kennen lernen. Natürlich kommt die Familie des Bräutigams nicht mit leeren Händen zu Besuch, sondern der Tradition nach mit einer Flasche armenischem Brandy, Süßigkeiten und üppigen Blumensträußen. Es ist eine sehr spannende Begegnung, denn sie entscheidet darüber, ob sich in naher Zukunft zwei Herzen vereinen und eine glückliche Familie gründen werden. Fällt die Entscheidung, wird darauf natürlich mit einem Glas armenischem Brandy angestoßen, um auf die glückliche Zukunft des jungen Paares zu trinken. Von diesem Moment an heißen die zukünftigen Schwiegereltern „Chnami".

*Die Verlobung*

Die zweite Etappe der Feierlichkeiten ist die Verlobung, die der eigentlichen Hochzeit zumeist nur im geringen Maße nachsteht. Nun kommt der Ehepate hinzu, der künftig gemeinsam mit seiner Ehefrau das junge Paar durch das gemeinsame Leben geleiten wird. Er wird von der Familie des Bräutigams ausgesucht. Zumeist ist es eine von beiden Seiten hochgeachtete Person, ein Familienvater, der meist auch Pate des Erstgeborenen wird. Als Zeichen der Achtung wird am Verlobungstag zunächst der Ehepate mit seiner Ehefrau abgeholt, bevor es dann weiter zur Familie der künftigen Braut geht. Den Höhepunkt des Tages stellt die Überreichung des Verlobungsringes an die zukünftige Braut dar.

*Die Hochzeit*

Der lang erwartete Tag beginnt natürlich mit der vorhochzeitlichen Aufregung und Spannung. Zunächst holt der Bräutigam den Ehepaten persönlich ab und bringt ihn zu sich nach Hause, wo er bereits von den Gästen erwartet wird. Die Hochzeitsdelegation macht sich sodann auf den Weg zur Braut – ein ziemlich geräuschvolles Unterfangen, an dem auch Passanten Freude haben, die an den geschmückten Autos vorbei laufen.

Auch früher schon waren Hochzeitsfeierlichkeiten recht laut. Man nahm an, dass die Musik der Musikanten, der Rauch, der aus dem Schornstein stieg, und die Tauben, die von dem frisch vermählten Ehepaar in den Himmel frei gelassen wurden, die Aufmerksamkeit der Götter erregten und somit den heiligen Segen sicherten. Diese Traditionen flossen dann auch in den christlichen Glauben ein.
Während die ganze Hochzeitsdelegation beim Haus der Braut ankommt, beginnt auch schon die nationale Tanzmusik zu spielen. Die jungen Frauen beginnen zu tanzen und halten in ihren Händen für diesen Tag angefertigte Körbe, in dem sich die unterschiedlichsten Geschenke, Cognacflaschen, süße Leckereien und Blumen befinden.

Danach werden alle Gäste in das Haus der Braut eingeladen, wo sie ein festlich gedeckter Desserttisch erwartet. Feierlich und stolz begleitet der Bräutigam seine Zukünftige zu den Gästen, wo nochmals alle Gäste auf das junge Paar anstoßen und ihnen Liebe, Glück und Freude wünschen.

Nach all den Ritualen macht sich die Hochzeitsdelegation auf den Weg in die festlich geschmückte Kirche. Die Trauung erfolgt, während das junge Paar mit Kronen auf den Häuptern dem Pfarrer zuhört, sich gegenseitig ewige Liebe verspricht und Ringe austauscht. Roter Wein wird aus silbernen Kelchen getrunken und schließlich segnet der Pfarrer das junge Paar. Nachdem die Ehe nun kirchlich besiegelt wurde, treten die Braut und der Bräutigam aus der Kirche. Dabei werden Rosenblüten auf sie gestreut und das Ehepaar darf zwei Tauben in ihre Freiheit entlassen als Symbol für Glück und Fruchtbarkeit.

Der Eingang in das Gebäude, in dem die Eheleute leben werden, ist mit Blüten bestreut. Bei ihrer Ankunft wird ihnen Lavasch auf die Schultern gelegt. Dieses Ritual soll Reichtum und Wohlstand bringen.

Unbestreitbar sind die nun folgenden lauten Feierlichkeiten der meistgeliebte Teil der Hochzeit. Es ist die Zeit der weisen und lustigen Trinksprüche, des Tanzes und der Freude. Aus diesem Grund machen sich das Brautpaar, ihre Familien und Gäste auf den Weg zu dem Ort, an dem die Feier stattfinden wird. Dort sind die Tische bereits gedeckt. So beginnt also der zweite Teil des Festes. Eröffnet wird dieser vom Tamada, einem Moderator, der durch den Abend führt und mit seinen Trinksprüchen für Spaß und Freude sorgt. Von seinem Können hängt es ab, wie interessant und glücklich die Hochzeitsfeier und somit der lebendigste und freudigste Teil der Hochzeit verläuft.

Tänze, Lieder und Trinksprüche folgen nacheinander, während die Tische mit den unterschiedlichsten Gerichten gedeckt werden – mit wunderbaren Zutaten und märchenhaften Aromen …
Während der Hochzeitsfeier haben die Gäste Gelegenheit, das junge Paar zu beschenken. Aber auch das Ehepaar möchte seinen Gästen eine Freude bereiten. Sie schenken das Kostbarste, was ein junges, frisch vermähltes Ehepaar schenken kann: herzliche Glückwünsche insbesondere für die unverheirateten Verwandten, Freunde und Freundinnen. Dazu verteilen sie besondere und festlich verpackte Süßigkeiten – „Taros". Gibt man jemandem ein Taros, so wünscht man dieser Person das Beste für die Zukunft.

Zu einer armenischen Hochzeit gehören natürlich auch traditionelle armenische Gerichte.
So können die Gäste unter anderem eine Vielzahl von Vorspeisen und kalten Fleisch-, Fisch- oder Gemüsedelikatessen genießen. Bei den warmen Gerichten darf der Chorovaz (Schaschlik) nicht fehlen. Nach dem Schaschlik werden auch Kololak und viele weitere unterschiedliche Fisch- und Geflügelgerichte gereicht. Der Desserttisch ist reich an frischen und getrockneten Früchten, armenischem Gebäck, wunderschönen Hochzeitstorten und natürlich Kaffee.

Eine traditionelle armenische Hochzeitsfeier gleicht einem Feuerwerk der Gefühle, es gibt Tänze und Gesang, Trinksprüche und roten Wein, der in Strömen fließt, armenischen Brandy und wunderbare Gerichte. Diese Hochzeitsfeste sind einmalig und märchenhaft! Sollten Sie auf eine armenische Hochzeit eingeladen werden, sagen Sie nicht nein. Dieser Tag voller Eindrücke und Freude wird Ihnen lange in schöner Erinnerung bleiben.

*So erheben wir unsere Gläser, gefüllt mit rotem Wein, und trinken auf eine glückliche Zukunft der jungen Verliebten!*

*Liebe und Licht vermehren sich auf der Welt, wenn Kinder auf diese geboren werden.*

(armenisches Sprichwort)

# *Bayazeti Qare-Kololak (Fleischklöße)*

## Բայազետի քարե-կոլոլակ

*Kololak ist eines der ältesten und außergewöhnlichsten Gerichte der armenischen Küche. Kololak sind große, in Fleischbrühe gegarte Fleischklöße. Der Name Kololak stammt vom armenischen Verb „kololel" – „eine Kugel rollen". Unsere Vorfahren nannten dieses Gericht Qare-Kololak (Stein-Kololak). Entstanden ist das Gericht im Altertum. Frische, zarte Hüftstücke vom Rind wurden in dünne Streifen geschnitten und auf einem Stein mit einem Holzhammer geklopft, bis sie eine souffléartige Konsistenz hatten. Auch heute wird Kololak aus frischem Rindfleisch hergestellt. Das von Fett, Häuten und Sehnen befreite Fleisch wird mit einem Fleischklopfer geklopft, bis eine teigartige Masse entsteht.*
*Kololak ist eine festliche Speise und wird sowohl zu Hochzeiten als auch zu Geburtstagen und anderen Festen gereicht. Zu Hochzeiten wird meistens ein Kololak mit einer „Überraschung" serviert. Dabei wird das Fleisch mit Wachteln und Eiern gefüllt. Diese Art von Kololak wird „Königlicher Kololak" genannt.*

Dieses Gericht kann mit Kalbsbrät, das in vielen Metzgereien erhältlich ist, zubereitet werden.

*1,5 kg Kalbsbrät*
*2 Zwiebeln*
*2 Esslöffel Mehl*
*50 ml Milch*
*2 Eier*
*30 ml Branntwein*
*200 g Butter*
*Salz, Pfeffer*

***Für die Suppe:***
*80 g Reis*
*1 Ei*
*1 kleine Zwiebel*
*Estragon nach Belieben*

Das Fleisch in eine Schüssel geben. Hinzu kommen klein gewürfelte Zwiebeln, Mehl, Milch, Eier und Branntwein. Alles kneten bzw. schlagen, bis eine halbflüssige Masse entsteht. Mit Salz und Pfeffer abschmecken. Das Fleisch etwa 20 – 30 Minuten kühl lagern.
Danach große Fleischkugeln formen (ca. 8 – 10 cm), in jede Kugel eine Vertiefung drücken und etwas Butter hineingeben. Die Kugeln wieder in ihre Form bringen und im kochenden Wasser (bzw. Fleischbrühe) ca. 40 Minuten kochen. Zur Probe mit einem spitzen Gegenstand in einen Fleischkloß hineinstechen; kommt weiße Flüssigkeit heraus, ist der Kololak gar.

Mit der entstandenen Brühe kann man noch eine Reissuppe kochen, indem man Reis, kurz angeschwitzte, klein geschnittene Zwiebel und Estragon hinzufügt. Etwa 5 Minuten vor dem Servieren ein geschlagenes Ei hineingeben und die Suppe nochmals kurz zum Kochen bringen.
Mit dem Kololak serviert man separat die Suppe und zerlassene heiße Butter oder in Butter angebratene klein gewürfelte Zwiebeln.

## *Dinkel mit Pilzen – Atscharov sunkov plav*

### Աճառով եվ սնկով փլավ

*250 g Dinkel*
*1 Zwiebel*
*50 g Butter*
*Salz*

***Für die Pilzbeilage:***
*1 Zwiebel*
*30 g Butter*
*400 g Champignons*
*Salz, Pfeffer*

Den Dinkel waschen und für einige Stunden im Wasser einweichen. Die Zwiebel in dünne Halbringe schneiden und in einem breiten, aber nicht tiefen Topf glasig dünsten. Den Dinkel dazugeben und 500 ml heißes Wasser zufügen. Das Wasser kann mit Fleisch- oder Pilzbrühe ersetzt werden. Salzen, den Topf mit dem Deckel schließen und auf schwacher Hitze ca. 30 Minuten köcheln lassen, bis der Dinkel bissfest ist.

Für die Champignonbeilage die Zwiebel in dünne Halbringe schneiden und in einer Pfanne glasig dünsten. Champignonscheiben dazugeben, salzen, pfeffern und ca. 10 Minuten weiter braten.
Die Champignons auf dem Dinkel servieren.

*Plav werden alle Gerichte aus Getreide genannt, die eine körnige Struktur haben.*

## Chorovaz oder: das beste Schaschlik der Welt

*Eine Frage an Radio Jerewan: „Wer bereitet das beste Schaschlik der Welt zu?“ Nach einer kurzen Pause antwortet Radio Jerewan: „Vielen Dank für das Kompliment!“*

In der armenischen Küche gibt es zwei spezielle Gerichte, mit deren Zubereitung armenische Männer ihre Kochkünste unter Beweis stellen können. Dabei ist nicht nur die Zubereitung Männersache, sondern auch der Einkauf der benötigten Zutaten.

Diese beiden Gerichte sind der Chasch, dem in diesem Buch ein Kapitel gewidmet ist (S. 76), und der Chorovaz (bzw. Schaschlik, Grill oder Barbecue).

Der Chorovaz ist nicht nur eines der ältesten Gerichte der Menschheit, sondern auch eine der beliebtesten Speisen unserer Zeit. Ohne den Chorovaz kommt keine große Feierlichkeit in Armenien aus. Dabei kann dieses Gericht sowohl im Freien als auch im Haus zubereitet werden. In Jerewan gibt es sogar eine Straße, die man der Nase nach allein durch den wunderbaren Duft des Chorovaz, den sie verströmt, finden kann.

Die armenische Küche bietet für die Zubereitung des Chorovaz vielfältige Möglichkeiten – normales Chorovaz auf dem Manghal, Chorovaz im Tonir, Hirten-Chorovaz und Karser Chorovaz, benannt nach einer der ältesten Hauptstädte Armeniens. Seit die unter osmanischer Herrschaft stehende Karser Festung im Krimkrieg (1853–1856) von den Russen eingenommen wurde, entwickelte sich der Karser Chorovaz auch zu einem beliebten Gericht in den Restaurants von St. Petersburg.

Die Besonderheit des Karser Chorovaz liegt darin, dass marinierte, ca. 200 g große Fleischstücke (meistens Lammfleisch) abwech-

*linke Seite und oben: Das Chorovaz-Festival in der Festungs- und Klosteranlage Achtala (Pchindzahank)*

selnd mit dünnen Speckscheiben auf Metallspieße gereiht und über Holzkohle gegrillt werden. Dabei werden die Spieße regelmäßig gedreht, um das Fleisch gleichmäßig zu grillen. Auf diese Art und Weise wird es besonders zart und saftig, und dem einzigartigen Genuss steht nichts mehr im Wege. Am besten schmeckt dieser Chorovaz jedoch, wenn er mit in Granatapfelsaft marinierten Zwiebelringen in Lavasch eingewickelt wird.

### *Sommer-Schaschlik (Chorovaz amarain)*

Sommer- und Ferienzeit ist in Armenien die Schaschlikzeit schlechthin. Die Menschen fahren in die Natur, um den Alltag hinter sich zu lassen – Chorovaz ist nicht nur eine Speise, es ist ein bei Armeniern sehr beliebtes Ritual. Chorovaz bedeutet Lebensfreude, Spaß und Genuss. Familien und Freunde versammeln sich und es gibt für jeden etwas zu tun. Die Zubereitung von Sommer-Schaschlik ist für Laien eine kleine Prozedur, die aber gern in Kauf genommen wird.

In Armenien gehört nicht nur das auf Kohlen gegrillte Fleisch zum richtigen Schaschlik, sondern auch Auberginen, Tomaten und Paprikaschoten, die genauso wie das Fleisch gegrillt werden.

Das Lamm-, Rind- oder Schweinefleisch wird ein paar Stunden vor dem Grillen mariniert, damit es den Geschmack von Salz, Pfeffer, Essig und Zwiebeln aufsaugen kann. Ist das Fleisch vorbereitet, wird das Feuer angezündet und das Gemüse kommt auf die Spieße. Ein Geheimtipp für alle Gourmets: Um den besonderen Geschmack der Aubergi-

nen genießen zu können, sollte man sie längs aufschneiden und ein Stück Speck hinein tun.
Das Gemüse ist fertig gegrillt, wenn die Haut beginnt, dunkel zu werden. Dann sollte es vom Feuer genommen und geschält werden. Diese Arbeit wird sehr gern von Frauen übernommen, die sich dabei über den neusten Klatsch und Tratsch austauschen können. Die Männer haben die verantwortungsvolle Aufgabe aufzupassen, dass nichts anbrennt.
Nach dem Gemüse ist das Fleisch an der Reihe. Beim Grillen von Fleisch sollte man nicht vergessen, regelmäßig die Spieße zu drehen, damit das Fleisch gleichmäßig erhitzt wird.
Ist auch das Fleisch fertig gegrillt, wird der Tisch gedeckt. Dabei darf auf keinen Fall Lavasch, Djermuk (Mineralwasser aus dem gleichnamigen Gebiet) und armenischer Wein fehlen. Ist alles bereit, kann es mit dem Feiern richtig losgehen!

### *Die Chorovaz-Street in Jerewan oder die Straße der Genüsse*

Wie die meisten Großstädte hat auch Jerewan viele Gesichter – eine Stadt mit Grünanlagen, Straßen und Cafés, wo sich die von der Hitze ermüdeten Passanten im Schatten der Bäume mit Getränken, Früchten, Eis und anderen Köstlichkeiten erfrischen können. Natürlich unterscheiden sich die Straßen voneinander. Manche werden den Touristen stolz vorgeführt, andere wiederum nicht. Und einige Straßen sind ganz speziell.
Eine der beliebtesten, schönsten und gemütlichsten Straßen ist die Abovjan- Straße mit Souvenirshops, alter Architektur und hübschen Cafés. Eine eher „offizielle“ Straße ist die Marschal-Bagramjan-Straße mit Regierungsgebäuden und Botschaften. Der Mesrop-Maschtoz-Prospekt beginnt am Matenadaran,

*oben: Chorovaz vorbereitet im Tonir*
*unten: Die Vielfalt des Chorovaz*

wo alte Handschriften, Manuskripte und Bücher aufbewahrt werden, und endet am Stadtmarkt. Dazwischen befinden sich Museen, Läden, Cafés, Restaurants, Marionettentheater und vieles mehr. Zu den „spezialisierten" Straßen gehört die Nar-Dos-Straße voller Läden für Autoteile und -zubehör.

Es gibt jedoch auch eine Straße, die man aufgrund des Geruches, der über ihr schwebt, der Nase nach finden könnte – die Proschyan-Straße. Benannt wurde sie nach dem berühmten armenischen Schriftsteller Pertsch Proschyan, der auch ein großer Gourmet gewesen sein soll. Da jedoch das armenische Volk einen eigenwilligen Humor hat, nennt man diese Straße auch die Straße der „Brüder Grill" oder die „Chorovaz-Street", woraus sich natürlich erkennen lässt, um welche Köstlichkeit es geht.

Diese Straße beginnt und endet mit Manghalen und dem wunderbaren Duft des Chorovaz. Hier reiht sich Restaurant an Restaurant – klein und groß, einfach und luxuriös. Die Straße beginnt mit eher bescheidenen Restaurants, die normale Wohnhäuser sind, in denen die Hausherren selbst ihre Gäste empfangen und den feinsten Chorovaz zubereiten, während die Hausfrauen den Tisch nach den besten armenischen Traditionen decken – mit frischen Kräutern, Käse, Salat aus Tomaten und Gurken, Djermuk und anderem armenischen Mineralwasser. Die Straße endet mit Restaurants, die mit den besten der Welt konkurrieren könnten – nicht nur mit ihren Gerichten, sondern auch mit ihrer Einrichtung und ihrem Service.

Die vielen Chorovaz-Varianten in dieser Straße stellen auch den anspruchsvollsten Chorovaz-Liebhaber zufrieden. Zu den Spezialitäten zählen Lamm- oder Schweinerippchen, Hähnchenfleisch, aber auch Chorovaz aus Leber, Karser Chorovaz, im Tonir zubereitete Lammschulter mit Kartoffeln. Natürlich muss hier auch der Hack-Chorovaz erwähnt werden, der aus verschiedenen Hackfleischsorten wie Rind, Lamm, Schwein oder Geflügel zubereitet wird. Das ganze Chorovaz-Vergnügen wird mit gegrillten Auberginen, Paprikaschoten und Tomaten vervollständigt. Diese werden entweder aneinandergereiht auf dem Teller gereicht oder als Salat mit klein gehackten Zwiebeln und Kräutern. Auch die Fischliebhaber kommen in dieser Straße auf ihre Kosten, denn das Angebot an Chorovaz aus Forelle, Stör und anderem Fisch ist groß.

Während sich im Sommer diese Straße erst abends belebt, ist sie im Winter bereits in den Morgenstunden voller Menschen. Denn zu dieser Jahreszeit beginnt die Saison des

*Volkstanz beim Chorovaz-Festival in Achtala*

Chasch, einer der beliebtesten „Suppen“ der Armenier, die niemand in Einsamkeit genießen würde.
In diese Straße verläuft sich wohl selten jemand, der kein Fleischliebhaber ist. Denn hier eilt man nicht einfach irgendwohin. Hier geht man zum Chorovaz oder man hat ihn schon: in der Tasche, im Bauch, in der Seele …

### *Das leckerste Festival oder die Krönung der Chorovaz-Kunst*

In einer der schönsten Gegenden Armeniens, in der Schlucht des Flusses Debed in Achtala nahe der Stadt Lori, hat sich eine wunderbare jährliche Tradition entwickelt: der Wettbewerb um die Zubereitung des wohlschmeckendsten Chorovaz – das Festival des Chorovaz.

Was das Festival zu einem ganz besonderen Ereignis macht, ist der Ort, an dem es stattfindet: in der Festung- und Klosteranlage Achtala (Pchindzahank), gebaut im 10. Jahrhundert.
Zum Festival kommen die besten armenischen Köche, aber auch Köche anderer Länder, um ihre Künste vorzuführen. Viele Gäste und Zuschauer treffen voller Erwartungen bereits früh am Ort des Geschehens ein, um keinen Augenblick des Spektakels zu verpassen.
Das Fest in Achtala überrascht jedes Jahr mit neuen Zubereitungen des Chorovaz. Während die Vorbereitungen noch in vollem Gange sind, wird der Rauch bereits von weitem sichtbar. Die Jury ist von Anfang an aktiv am Geschehen beteiligt und geizt nicht mit Ratschlägen an die Köche. Ein einprägsames Bild entfaltet sich vor den Augen der Beteiligten: Während in einem Manghal unter Verwendung spezieller Soße bereits ein Ferkel gegrillt wird, werden auf anderen riesige Störe, eingelegt in vielfältige Marinaden und Weinsorten, sowie Forellen mit Brombeeren zubereitet. Unweit davon befindet sich ein Paradies für alle Schweinefleischliebhaber. Die

*Der spannendste Teil des Festivals: Den Gewinnern des Wettbewerbs werden Medaillen und Preise überreicht.*

Gäste dürfen sich beispielsweise über Lenden und Schweinekoteletts („Tschalakhadsch“), mariniert in Orangen-Zwiebel-Soße, freuen. Ein wenig weiter gibt es Spieße mit Pfirsichen, gegartem Fleisch und Nüssen. Daneben werden in Rotwein eingelegte Lammrippchen zubereitet – und viele weitere kulinarische Überraschungen.

Das Fest beschränkt sich jedoch nicht nur auf die Zubereitung von Chorovaz. Auch an die traditionelle Chaschlama aus Rind- und Lammfleisch, die in großen Töpfen auf offenem Feuer gekocht wird, wird gedacht. Während die Kochprofis noch mit der Zubereitung ihrer Meisterwerke beschäftig sind, verbreitet sich überall ein wunderbarer Duft. Zum Fest gehört auch ein Unterhaltungsprogramm. Die Gäste bewundern die Schönheit des Klosters der Heiligen Jungfrau und die Ruinen der Festung, genießen die schöne Landschaft und nehmen an verschiedenen Wettbewerben und Spielen teil. Auch die weltweit zweitgrößte Skulptur von Eheringen, die bei neuvermählten Paaren sehr beliebt ist, befindet sich an diesem Ort.

Sobald der Chorovaz serviert wird, beginnt der spannendste Teil des Festivals. Die Jury legt nicht nur großen Wert auf den Geschmack, sondern auch auf die Präsentation des Gerichts. Der Wettbewerb verläuft anonym und alle Köche und Gäste warten gespannt auf die Ergebnisse. Den Gewinnern des Wettbewerbs werden schließlich Medaillen und Preise überreicht.

Natürlich kommen auch die Gäste in den Genuss, die Kochkünste der Chorovaz-Meister zu probieren. Ein riesiger Tisch wird mit den Köstlichkeiten gedeckt und alle sind herzlich eingeladen.

So endet das Fest lecker und lustig. Schade, dass das Chorovaz-Festival nur einmal im Jahr stattfindet!

## *Sommer-Chorovaz – Chorovaz amarain*

### Խորոված ամառային

*1 kg Lamm- bzw. Schweinefleisch*
*Salz, Pfeffer*
*Zwiebel nach Belieben*
*Zitronensaft oder Essig nach Belieben*

***Das passt dazu: Gegrilltes Gemüse***
*500 g Auberginen*
*Salz, Pfeffer*
*100 g Speck*
*500 g Tomaten*
*500 g Paprikaschoten*
*Frühlingszwiebel und Kräuter nach Belieben*

Fleischstücke mit Salz, Pfeffer, Zwiebelhalbringen, Zitronensaft bzw. Essig marinieren und ca. 3 Stunden ziehen lassen.
Die Auberginen waschen und in der Mitte der Länge nach aufschneiden. In die Mitte ein Stück gesalzenen und gepfefferten Speck hineinlegen. Tomaten und Paprikaschoten ebenso waschen und mit einem Tuch abtrocknen. Das Gemüse genauso wie das Fleisch auf die Spieße ziehen. Zunächst das Gemüse und danach erst das Fleisch über heißen Kohlen grillen. Spieße gelegentlich drehen.
Das Gemüse schälen und mit Kräutern servieren. Alternativ kann das Gemüse in kleine Stücke geschnitten und in Form eines Salates serviert werden.

Oft werden als Beilage zum Schaschlik auf heißen Kohlen gegrillte Kartoffeln und Pilze (S. 125) serviert.

## Chorovaz aus Kartoffeln und Pilzen

### Խորոված սունկով եվ կարտոֆիլով

*500 g Kartoffeln*
*500 g große Champignons*
*1–2 Esslöffel geschmolzene Butter oder Öl*

Kartoffeln und Pilze säubern und Butter auf der Oberfläche verteilen. Beide Zutaten separat auf Spieße ziehen und über heißen Kohlen grillen. Nach ca. 6 Minuten wenden und wieder Butter auf der Oberfläche verteilen. Die Pilze grillen dann schneller.

## Chorovaz aus Schweinefleisch in Weißwein

### Խորոված խոզի մսով

*500 g Schweinefleisch*
*Salz, Pfeffer*
*4 Zwiebeln*
*Koriander, Basilikum, Dill nach Belieben*
*300 ml trockener Weißwein*
*1 Zitrone*
*1 Granatapfel*

Das Fleisch salzen, pfeffern, mit Zwiebelhalbringen und gehackten Kräutern gut vermischen, mit Wein und Zitronensaft übergießen und ca. 3 Stunden an einem kühlen Ort ziehen lassen. Das Fleisch auf die Spieße ziehen und über heißen Kohlen grillen. Immer wieder Wein darüber gießen.

Die Zwiebelhalbringe ca. 10 Minuten vor dem Servieren in den Granatapfelsaft einlegen. Das Fleisch mit Zwiebelhalbringen im Granatapfelsaft servieren.

## *Chorovaz aus gehacktem Lammfleisch*

### Խորոված – քյաբաբ գառան մսով

*Salz, Pfeffer*
*5–6 Frühlingszwiebeln*
*2 Zwiebeln*
*600 g gehacktes Lammfleisch*
*Basilikum, Koriander nach Belieben*

Salz, Pfeffer, klein geschnittene Frühlingszwiebeln und gehackte Zwiebeln zum Hackfleisch geben. Alles gut vermischen und ca. 2 Stunden an einen kühlen Ort legen.

Das Hackfleisch in lange Würste formen, auf die Spieße ziehen und über heißen Kohlen ca. 10–15 Minuten grillen. Den Chorovaz mit Lavasch, Zwiebelhalbringen und gehackten Kräutern servieren.

Chorovaz-Festival, gegrillter Stör

## Chorovaz aus Forellenfilets – Ischchani Chorovaz

Իշխանի խորոված

*800 g Forellenfilets*
*Salz, Pfeffer*
*2 Zwiebeln*
*1 Zitrone*
*3 Esslöffel Pflanzenöl*
*100 g Speck*
*100 g Brombeeren, Estragonblätter von 5–6 Estragonzweigen*
*etwas Butter*

Filets salzen und pfeffern. Zwiebeln in Halbringe schneiden und mit Zitronensaft und Pflanzenöl übergießen. Die Filets mit der Marinade übergießen und 2 Stunden ruhen lassen.

Für die Füllung den Speck in Streifen schneiden, nicht ganz reife Brombeeren und groß geschnittene Estragonblätter hinzufügen. Die Füllung in die Filets einrollen. Die Fischrollen im Wechsel mit dem Speck auf die Spieße ziehen. Etwa 15–20 Minuten über heißen Kohlen grillen. Immer wieder wenden und mit Butter oder Öl bestreichen.

Dazu kann eine pikante Tomatensoße serviert werden.

## Die Geschichte vom Tzhvzhik

Wem es gelingt, den Namen dieses Gerichtes gleich beim ersten Versuch richtig auszusprechen, dem wird auch die Zubereitung leicht von der Hand gehen. Dieses Gericht hat eine lange Geschichte und wird immer dann zur Metapher, wenn sich Armenier mit zwischenmenschlichen Beziehungen auseinandersetzen. Die Ursache dafür, dass diese einfache, wunderbar schmeckende und sehr alte Speise auch eine übertragene Bedeutung hat, liegt in einer kurzen Filmkomödie, ebenfalls mit dem Namen „Tzhvzhik“: Darin will der reiche und vermeintlich edle Herr Nikogos eine arme Familie beschenken. Er kauft Rinderleber für den armen Nerses und seine Familie, damit diese auch einmal in den Genuss des Tzhvzhik kommen. Danach nutzt er jedoch jede Gelegenheit, um Nerses an seine Großzügigkeit zu erinnern und den Stadtbewohnern von seiner Nächstenliebe zu erzählen. Als Nerses erkennt, dass Nikogos diese gute Tat lediglich der Selbstdarstellung dienen soll, sieht er keine andere Möglichkeit, als ihm die Leber ins Gesicht zu werfen.
Übrigens, im Film möchte jeder dem Armen einen Ratschlag geben, wie das Gericht zubereitet werden sollte. Ein kleines Geheimnis im Zusammenhang mit der Zubereitung besteht beispielsweise darin, die Zwiebel sehr, sehr dünn und klein zu hacken und auf sehr schwacher Hitze anzuschwitzen. Ein viel wichtigerer Ratschlag ist es jedoch, seine Mitmenschen zu respektieren und in Frieden und Liebe zu leben.

Eine wunderbare Ergänzung zu diesem Gericht ist ein Glas Rotwein, der von unseren Vorfahren geliebt und geschätzt wurde.
*So erheben wir unsere Gläser und trinken auf die Liebe und den Frieden.*

## *Tzhvzhik (Innereien mit Gemüse und Speck)*

Տժվժիկ

*1 kg Leber, Lunge, Niere, Herz vom Rind*
*100 g Speck oder Butter*
*2 Zwiebeln*
*4 Tomaten*
*1 grüne Paprikaschote*
*Koriander und Petersilie nach Belieben*
*Salz und Pfeffer*
*Chilischote nach Belieben*

Haut und Gefäße der Leber entfernen. Die Leber in ca. 2–3 cm große Würfel schneiden. Die Lunge waschen und auch in Würfel schneiden. Die Niere längs halbieren, Haut und Gefäße entfernen und in kaltes Wasser mit Essig legen. Vor der Zubereitung gründlich waschen. Das Herz gründlich waschen und in Würfel schneiden. Den Speck in sehr dünne Scheiben schneiden und in eine heiße Pfanne geben, bis der Speck schmilzt. Der Speck kann mit Butter oder Öl ersetzt werden. Zuerst das Herz braten, dann erst nach und nach Lunge, Niere und Leber hinzufügen. Die in Halbringe geschnittenen Zwiebeln zugeben. Die Haut der Tomaten entfernen. Paprikaschote und Tomaten in sehr kleine Würfel schneiden und zu den Innereien hinzufügen. Mit Salz und Pfeffer abschmecken. Die Pfanne mit einem Deckel schließen und die Innereien etwa 10–15 Minuten garen lassen. Für Liebhaber scharfer Gerichte kann eine scharfe Chilischote für einige Minuten hinzugefügt werden. Den Tzhvzhik mit den gehackten Kräutern servieren.

## Harisa

Harisa ist eines der ältesten Gerichte in der armenischen kulinarischen Geschichte. Meistens wird dieses Gericht während der kalten Jahreszeit zubereitet. Gegessen wird es mittags und selten spät abends. Da die Armenier gern in Gesellschaft essen, werden auch bei diesem Gericht Gäste nicht vergessen. Die Zubereitung von Harisa ist unkompliziert. Auf den ersten Blick ist es deshalb ein sehr einfaches Gericht, denn es besteht hauptsächlich aus Hähnchenfleisch und vorgegartem Weizen (Dzawar) und ist eher eine Art Brei. Dabei schmeckt es so herrlich, dass es sich zu einem der Lieblingsgerichte der Armenier entwickelt halt. Alle lieben Harisa – Frauen, Männer, Kinder.

Bereits in der Antike wurde das Gericht zu Hochzeiten und anderen Feierlichkeiten zubereitet. Der Legende nach besuchte König Trdat III., der im 4. Jahrhundert n. Chr. herrschte, eines Tages Etschmiadsin während des Baus der ersten christlichen Kirche. Als er sah, wie hingebungsvoll die Arbeiter ihre Arbeit verrichteten, begann er sich Sorgen um ihr Wohlergehen zu machen und befahl, ihnen Weizen und Hähnchenfleisch zuzubereiten. Während der Zubereitung vergaß er nicht, dem Koch immer wieder „hari sa“ – „rühre es“ zuzurufen. Tatsächlich sollte das Gericht während der Zubereitung ständig gerührt werden. Dies hat sich in seinem Namen „Harisa“ niedergeschlagen. Im Laufe der Zeit trat dieses Gericht in die Reihe der Festtagsgerichte ein.

Nicht weit entfernt von Jerewan befinden sich das Denkmal „Musaler“, das hoch in den Himmel ragt, und das dazugehörige Museum. Musaler, das armenische Dorf in der Region Armavir, wurde zum Symbol für den Mut und den starken Überlebenswillen der Armenier. Es war ursprünglich ein kleines Dorf am Mittelmeer und befand sich im armenischen Königreich Kilikien. Die Ereignisse des blutigen Jahres 1915 machten die Einwohner des Dorfes Musaler auf der ganzen Welt bekannt. Damals begann die osmanische Regierung, die „armenische Frage“ zu lösen. Etwa 4300 Bewohner des Dorfes Musaler konnten jedoch der Gewalt standhalten und verteidigten ihr Dorf heldenhaft. Nichts konnte ihren Überlebenswillen brechen. Schließlich kamen französische Seemänner den Armeniern zu Hilfe und befreiten sie, so dass sie in das heutige Armenien übersiedeln konnten. Das Dorf, das sie gründeten, nannten sie zu Ehren ihrer alten Heimat auch „Musaler“.
Dieses historisches Ereignis hielt Franz Werfel 1933 in seinem Buch „Vierzig Tage des Musa Dagh“ fest, das in vielen Ländern ein Bestseller geworden ist. Die Nachkommen des ursprünglichen Dorfes bleiben ihrer Geschichte, Kultur und Sprache bis heute treu und ehren diese.
Jedes Jahr am dritten Sonntag im September feiern die Musaler-Bewohner und ganz Armenien den Sieg und gedenken der Gefallenen. Und nur an diesem Tag bereiten die vierzehn Familien aus Musaler in vierzig riesigen Töpfen unter freiem Himmel Harisa als traditionelles Gericht der Dorfbewohner zu – eine Tradition, die von Generation zu Generation weitergegeben wird. Musik und Tanz begleiten das Fest, das somit mehr als nur einen kulinarischen Genuss bietet.

## *Harisa*

### Հարիսա

*1 kg Hähnchen*
*300 g vorgekochter Weizen (Dzawar)*
*Salz*
*150 g geschmolzene Butter*

Das Hähnchen gründlich waschen und kochen. Dabei soll das Hähnchen immer gut mit Wasser bedeckt sein. Danach aus der Brühe nehmen, Knochen und Haut entfernen und das Fleisch in kleine Stücke schneiden. Die Brühe sieben. In die kochende Brühe (jetzt ca. 1 – 1,2 Liter) den vorgekochten Weizen geben, Hähnchenstücke hinzufügen und auf schwacher Hitze köcheln lassen.

Sobald eine breiartige Masse entstanden ist, den Weizen immer wieder rühren und etwas stampfen. Kochen, bis eine einheitliche Masse entsteht. Mit Salz abschmecken.

Harisa heiß in einem großen Teller servieren. Separat geschmolzene Butter dazu reichen. Das Gericht kann auch mit Lammfleisch zubereitet werden.

# Omelette – Ձվածեղ

## *Omelett mit Tomaten – Dzvatsech lolikov*

### Ձվածեղ լոլիկով

*1 Tomate (mittelgroß)*
*1 Esslöffel geschmolzene Butter*
*2 Eier*
*Salz und Pfeffer*
*Kräuter nach Belieben*

Tomate mit einem Messer einritzen und für etwa eine Minute in heißes Wasser legen, damit sie leichter geschält werden kann. Butter in einer Pfanne erhitzen, die in Scheiben geschnittene Tomate in die Pfanne geben. Eier in einer Schale verquirlen, mit Salz und Pfeffer abschmecken und auf die Tomate gießen.
Für ein besonderes Geschmackserlebnis das Omelett mit klein gehacktem Koriander bzw. mit Petersilienblättern servieren.

## *Omelett nach Art des Chefkochs Armen Pinatschjan des Restaurants „Jerewan" in Sankt Petersburg*

### Ձվածեղ բաստուրմայով եվ բանջարեղենով

*Dieses Omelett ist etwas ganz Besonderes, denn es vereint gleichzeitig die Geschmäcker und Aromen mehrerer armenischer Omeletts.*

*50 g Champignons oder andere Pilze*
*½ Paprikaschote*
*4 Scheiben Basturma*
*50 g Tial*
*2 Eier*
*1 Tomate (mittelgroß)*
*Kräuter nach Belieben*
*1 – 2 EL geschmolzene Butter*

Tomate mit einem Messer einritzen und für etwa eine Minute in heißes Wasser legen, damit sie leichter geschält werden kann. Die geschälte Tomate sowie die Pilze in Scheiben und die Paprikaschote in Streifen schneiden und gemeinsam in einer heißen Pfanne in Butter anbraten. Basturmascheiben, Tialstückchen auch dazugeben. Die verquirlten Eier in die Pfanne geben. Mit gehackten Kräutern servieren.

## Omelett mit Basturma Tscholama

Չոլամա

*2 Eier*
*1 Teelöffel Weizenmehl*
*50 ml Milch*
*5–6 Scheiben Basturma*
*½ rote Paprika*
*Salz, Pfeffer*
*Kräuter nach Belieben*
*20 g geschmolzene Butter*

Eier verquirlen. Mehl, Milch und Salz dazugeben. Die Basturmascheiben und in Spalten geschnittene Paprika in einer heißen Pfanne mit geschmolzener Butter anbraten und die Eier dazugeben. Vor dem Servieren das Omelett mit gehackten Kräutern bestreuen.

## *Wardawar*

*Wie reagiert man, wenn man am helllichten Tag, inmitten anderer Menschen auf der Straße einer modernen Stadt mit einem Eimer Wasser begossen wird? Die Polizei rufen oder handgreiflich werden? Wie wäre es, darüber einfach zu lachen und selbst einen Eimer Wasser in die Hand zu nehmen? So handhaben es nämlich die Armenier an diesem warmen, sommerlichen und besonderen Tag, denn es ist Wardawar. Ein Fest, das 98 Tage nach Ostern und somit inmitten des Sommermonats Juli gefeiert wird.*

*Der Legende nach goss die Liebesgöttin Astchik an einem Tag im Jahr Rosenblütenwasser auf die Menschen, streute Rosenblüten auf ihre Häupter und schenkte ihnen damit ihre Liebe. Im Laufe der Zeit verwandelte sich das heidnische Fest in ein christliches.*

*Der Tradition nach unternahmen die Armenier an diesem Tag Pilgerfahrten zu heiligen Orten und Quellen. Die Kornähre von Weizen, gesammelt von den Bauern, wurde in den Kirchen gesegnet. Junge Frauen und Mädchen banden Blumensträuße und stellten sie heimlich ihren Verwandten, Freunden und Nachbarn vor die Tür. An diesem Tag fanden Jahrmärkte und Feste statt. All diese Bräuche sind bis zum heutigen Tage erhalten geblieben.*

*Der außergewöhnlichste Brauch war und ist jedoch das gegenseitige Begießen mit Wasser. Bis heute warten alle sehnsüchtig auf diesen Tag. Ganz gleich ob Jung oder Alt, Erwachsene oder Kinder, Bekannte oder Unbekannte – an Wardawar begießen sich alle gegenseitig mit Wasser und freuen sich des Lebens. Wardawar ist der Tag des Lachens und der Freude. Es ist ein Sommerfest, bei dem das kalte Wasser für eine lang ersehnte Erfrischung nicht nur für den Körper, sondern auch für die Seele sorgt. Der Tradition nach werden an diesem Tag gebackene Äpfel mit Nussfüllung gereicht.*

## *Bratapfel Wardawar – Chndzor lconac enkujzov*

### Խնձորը լցոնած ընկույզով

*4 Äpfel*
*80 g Walnüsse*
*1,5 Esslöffel Zucker*
*0,5 Teelöffel Zimt*
*20 g Butter*

***Für die Soße:***
*150 g Himbeeren (frisch oder gefroren)*
*1,5–2 Esslöffel Zucker*

Äpfel waschen, den Stielansatz wie einen Deckel abschneiden und die Kerne großzügig entfernen, ohne dabei den unteren Apfelteil zu durchschneiden. Walnüsse klein schneiden oder hacken und mit Zucker und Zimt vermischen.
Die Äpfel mit der Masse füllen, ein kleines Stück Butter darauf legen und mit dem Apfeldeckel schließen. Die Äpfel im vorgeheizten Backofen bei 170 °C etwa 15–20 Minuten backen. Saure Äpfel benötigen weniger Zeit.

Für die Soße die Himbeeren mit Zucker bestreuen, mit 2–3 Esslöffel Wasser übergießen und rühren, bis es kocht.
Bratäpfel mit der Himbeersoße und Vanilleeis servieren.
Statt Zucker kann auch Honig verwendet werden.

# Die Perle Armeniens: der Sewansee

*Armenien, Land der Berge und der Sonne, wurde bereits von Lord Byron im 18. Jahrhundert als ein bemerkenswerter Ort voller Wunder beschrieben. Eines dieser Wunder ist der Sewansee, einer der schönsten Hochgebirgsseen weltweit. Das Wasser des Sewansees ist klar und rein. Den Sagen nach tranken nur Sterne und Götter aus diesem See.*

Der Name Sewan hat seinen Ursprung in der altarmenischen Sprache. Er bedeutet „das Land der Seen". Vor vielen Jahrhunderten wurde der See von der Bevölkerung als Geghamas-Meer bezeichnet. Der Sewansee ist einer der größten Hochgebirgsseen der Welt. Darüber hinaus ist er der größte Süßwassersee des ganzen Kaukasusgebiets. Er wird von mehr als 28 Flüssen gespeist und liegt geschützt im Schatten der Berge. Der Fluss Hrazdan ist der einzige, der vom See abfließt.

Die Suche nach einem Dichter, Maler oder Musiker in Armenien, der sich den Sewansee nicht zur Muse gemacht hat und der seine Schönheit in seiner Kunst nicht versucht hat wiederzugeben, bleibt fast aussichtslos. Unwillkürlich kommt einem der Vergleich des russischen Schriftstellers Maxim Gorki in den Sinn: „Der Sewansee ähnelt einem Stückchen blauem Himmel, herabgekommen auf die Erde, umgeben von Felsen." Der armenische Schriftsteller Wachtang Ananjan nannte die Gebirge märchenhafte Riesen, die Schulter an Schulter, sich an den Händen fassend, wäh-

*Kloster Sewanawank am Sewansee, das 874 n. Chr. von der Tochter Königs Aschot I. Bagratuni erbaut wurde*

rend eines fröhlichen Tanzes versteinert sind.

Der See ist Anziehungspunkt für Armenier wie auch für Touristen. Die Sonne, die schönen Strände und das erfrischende, saubere Wasser sind ideal zum Ausüben verschiedener Wassersportarten und zur Erholung geeignet. Die modernen Hotels, Restaurants und Cafés laden die Besucher zum Verweilen ein.

Der Sewansee und seine Umgebung beeindrucken auch mit archäologischen und historischen Sehenswürdigkeiten, mit alten Klöstern und Kirchen.

Da das Wasser des Sewansees insbesondere in den 1930er Jahren für die Wasserversorgung der Bevölkerung genutzt wurde, sank der Wasserspiegel um ganze 18 Meter und hat damit auch viel Ufer entblößt, das vorher vom See bedeckt war. Doch Glück im Unglück: Durch den Rückgang des Wasserspiegels wurden zwei armenische Siedlungen, die etwa 2000 v. Chr. entstanden, wieder freigegeben. Entdeckt wurden nicht nur Keilschriften armenischer Herrscher und Höhlenmalerei, sondern auch Geschirr aus Keramik und vieles mehr. Seit einigen Jahren trifft die armenische Regierung Maßnahmen, um den Wasserspiegel des Sewansees wieder anzuheben – mit Erfolg. Bereits jetzt ist der Wasserspiegel wieder etwas gestiegen.

Der Sewansee teilt sich durch eine kleine Halbinsel in zwei Teile – den großen und den kleinen See. Vor dem Sinken des Wasserspiegels war diese Halbinsel noch eine richtige Insel inmitten des Sees. Auf dieser Halbinsel sind bereits aus weiter Entfernung zwei Gebäude der uralten Kirche des Klosters Sewanawank zu sehen, das im Jahre 874 von der Tochter des Königs Aschot I. Bagratuni gegründet wurde.

*Chatschqar-Sammlung in der Klosteranlage Sewanawank*

Der blau schimmernde Sewansee ist ein Symbol des in Erfüllung gegangen Traumes von Freiheit. Im Jahre 921 besiegte der sich auf der Insel aufhaltende armenische König Aschot II. Erkat – seinen Namen „der Eiserne" bekam er aufgrund seiner sturen Natur und Standhaftigkeit im Kampf – das arabische Heer, das sich bereits an den Ufern befand. So befreite er einen Großteil Armeniens von den Arabern. An dieser Schlacht haben auch die Mönche des Klosters Sewanawank teilgenommen. Somit war der Kalif im Jahr 922 gezwungen, Aschot II. als Herrscher Armeniens anzuerkennen. Damit war die Unabhängigkeit Armeniens vollständig wiederhergestellt. Dieses Ereignis stellte einen Wendepunkt in der Geschichte des sieben Jahre lang andauernden Kampfes um Freiheit dar und ging als die Sewanseeschlacht in die Geschichte ein. So verwundert es nicht, dass Aschot zu einem der beliebtesten männlichen Vornamen auch im heutigen Armenien gehört. Eine Kopie des Kreuzes des Aschot II. Erkat wurde der armenischen Armee zum 20-jährigen Jubiläum übergeben. Das Original befindet sich im Museum der Kathedrale Etschmiadsin.

Erfahrene Reisende werden sich zunächst an den Stränden des Sewansees ausruhen und die Aussicht auf die Halbinsel und das Kloster Sewanawank genießen, um sich dann weiter auf die Reise Richtung Süden zu machen. Denn dort befindet sich das alte Dorf Noratus, das 16 Jahrhunderte lang den armenischen Fürsten als Residenz diente. Dadurch sind viele alte Denkmäler, Kirchen und Grabstätten erhalten geblieben. Die bedeutendste Sehenswürdigkeit ist jedoch die größte Sammlung an alten Kreuzsteinen, der Chatschqar (Chatsch ist das Kreuz und Qar ist der Stein) im heutigen Armenien. Es gibt dort mehr als tausend dieser einzigartigen Chatschqar aus unterschiedlichen Epochen. Dabei ist das Chatschqar nicht nur ein in Stein gemeißeltes Kreuz, sondern auch ein künstlerisches Symbol der Armenier. Darin spiegelt sich das Feingefühl für das Schöne, aber auch die Geschichte dieses Volkes wider. Chatschqar sind eine rein armenische Tradition. Die Geschichte der Kreuzsteine führt uns an den Beginn des 4. Jahrhunderts, als die Armenier im Jahre 301 das Christentum als ihre Staatsreligion annahmen. Diese Kunstwerke sind überall in Armenien anzutreffen, sowohl an Grabstätten als auch an Kapellen, Kirchen und Gedenkstätten. Dabei hat jeder dieser Kreuzsteine seine eigene Verzierung und sein eigenes Ornament, jeder hat seine eigene Geschichte.

Die Flora und Fauna am Sewansee ist sehr abwechslungsreich. Etwa 1600 Arten von Pflanzen und Bäumen, wie etwa Kiefer, Pappel, Aprikosenbäume, wilde Olivenbäume oder Sanddornbäume sind dort zu Hause. Auch mehr als 34 Säugetierarten sind in diesem Nationalpark beheimatet. Darunter sind beispielsweise Frettchen, Otter, Wölfe und Füchse. Natürlich ist dieses Gebiet auch ein Rückzugsort für viele Wander- und Seevögel. Im Jahre 1978 wurde um den Sewansee und die umgebenden Regionen ein Nationalpark eingerichtet.

Der Sewansee ist auch ein wichtiges Fischereigebiet der Republik Armenien, denn vielfältige Fischarten sind in den Gewässern des Sees zu finden: vier Forellenarten, Zander, Barsch, Barbe, Weißfisch und andere. Die Sewanseeforelle, die Ischchan (Fürst) genannt wird, ist eine heimische Fischart. Die heilende Wirkung wurde bereits von den Ärzten des Mittelalters Mchitar Geraci und Amirdovlat Amasiatsi beschrieben.
Dank des wunderbaren Geschmacks des zart-rosa Fleisches ist die Forelle ein wahrer Genuss für alle Gourmets. Fisch genießt in Armenien unter den Nahrungsmitteln einen hohen Stellenwert. Die Sewanseeforelle wurde seit alters her auch in Fischteichen gezüchtet. Viele armenische Herrscher gewährten ihrem Volk Fischreserven, indem sie große Teiche anlegten und Forellen züchteten. Auch an den Klöstern wurden Fische gezüchtet. Die Zubereitung des Fisches erfolgt auf unterschiedliche Weise – gebraten, gegart oder gegrillt. Beliebt ist auch Fisch mit Füllung. Die Forelle, gefüllt mit gekochtem Reis, Rosinen und Ingwer, blickt auf eine lange Tradition zurück.
Heute gibt es in Armenien etwa 200 Fischfarmen. Unter den größeren sind die Farmen Aknalich, Angechakots, Djermuk, Masiss und

*Störzucht*

Hrazdan zu nennen. Die Farm Aknalich beispielsweise züchtet und verkauft etwa 300 bis 350 Tonnen Forellen im Jahr.
Eine andere bekannte Fischfarm ist Miavar, die an vielen internationalen Messen und Ausstellungen teilgenommen hat und international als Bioproduzent bekannt ist. Diese Farm arbeitet auch an einem Programm zur Erhaltung und Vermehrung der heimischen Forelle Gegharqunik und des Sommer-Ischchan.

*Denkmal „Achtamar"*

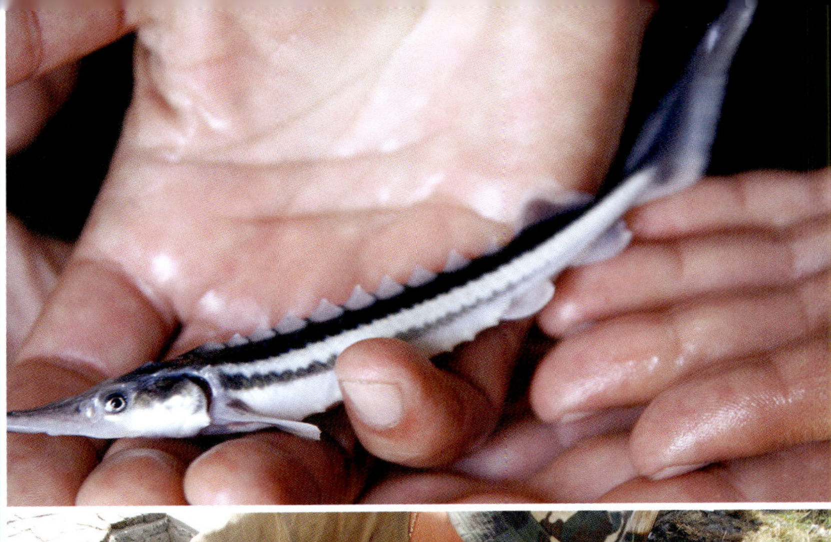

*Fischzuchtanlage*

In der Tiefebene des Ararat ist ihre Tochtergesellschaft Unifish LLC tätig, die aus riesigen Forellen- und Störfarmen besteht. In der Forellenfarm werden nicht nur die Forellen des Sewansees gezüchtet, sondern auch Regenbogen-, Fluss- und sogar Goldforellen. In der Störfarm werden die bekannten russischen Kaviar-Störe Beluga und Sevruga aufgezogen.
Die Fischfarmen Armasch und Jechegnadzor sind die größten Produzenten von Karpfen in Transkaukasien.
In den Seen und Flüssen Armeniens sind viele Fischarten zu finden, darunter auch die Flussforelle. Sowohl in speziellen Fischläden als auch in allen großen Supermärkten gibt es immer eine breite Auswahl nicht nur an Forellen und Stören, sondern auch an Krebsen. Oft kann man die Fische vor dem Kauf in großen Aquarien aussuchen.

### *Die Legende der Achtamar*

Eines der berühmtesten und schönsten Denkmäler Armeniens befindet sich auch am Ufer des Sewansees – Achtamar. Der Sage nach lebte vor langer Zeit an den Ufern des Gebirgssees das schöne junge Mädchen Tamar. Sie hatte sich unsterblich in einen mutigen und starken Jungen verliebt, der jede Nacht vom anderen Ufer zu ihr schwamm, während sie auf ihn wartete und seinen Weg beleuchtete. Doch eines Nachts, als der See dunkel und unruhig war, kam der Junge nicht an. Mit seinen letzten Atemzügen im kalten Wasser flüsterte er unaufhörlich ihren Namen: „Ach, Tamar." Seit dieser Nacht wartet sie auf ihn am Ufer und beleuchtet den Weg liebender Herzen. Das Feuer erlischt auch an stürmischen Tagen nicht – als Symbol der Liebe für all jene, die lieben und warten.

## *Felchen, gedünstet in Wein – Sig ginov*

### Սիգ գինով

*600 g Felchen*
*Salz*
*150 g Estragon*
*80 g Butter*
*100 ml Weißwein*
*25 g Zitrone*

Kleinere Fische ganz lassen, große Fische in Stücke schneiden und salzen. Ein Paar Estragonzweige in eine Pfanne geben und den Fisch darauflegen. Auf den Fisch kleine Stücke Butter verteilen und mit Wasser oder weißem Wein übergießen. Den Fisch auf schwacher Hitze 15–18 Minuten dünsten. Die Felchen warm mit Zitronenscheiben und Estragon servieren.

## *Forelle in Lavasch – Ischchan lavaschov*

### Իշխան ձուկը լավաշով

*4 Forellen (800–1000 g)*
*Salz*
*Estragon, Koriander nach Belieben*
*80 g Butter*
*2 Lavasch*

Die gereinigten Forellen an 2–3 Stellen bis zu 3–4 mm tief anschneiden, salzen und pfeffern. Die Kräuter klein hacken und mit der Butter vermischen. Diese Kräuterbutter in die Einschnitte legen. Ein kleines Stück Butter und einen Estragonzweig in die Fischbäuche geben. Den Lavasch mit einer Schere in zwei Teile schneiden. Auf die eine Hälfte des Lavasch den Fisch sowie ein Stück Butter legen und wie einen Briefumschlag falten.
Die eingewickelten Fische auf ein mit Backpapier ausgelegtes Blech legen und etwas Butter daraufgeben. Für 15–20 Minuten bei 180 °C backen.
Je nach Vorliebe kann der Fischkopf entfernt werden. Die Forelle kann auch in gleichgroße Stücke geschnitten und in jeweils einen Umschlag verpackt werden. Auch die Zubereitung anderer Fischfilets ist auf diese Weise möglich.

## *Gedünstete Flussforelle mit Tomaten – Karmrachajt lolikov*

### Կարմրախայտ լոլիկով

*3 Tomaten*
*500 g Flussforelle*
*Salz*
*etwas Butter*
*Kräuter nach Belieben*

Die Haut der Tomaten entfernen und die Tomate in kleine Stücke schneiden. Den Fisch entschuppen, säubern und salzen.
In einer Pfanne Butter schmelzen, die Hälfte der Tomaten zugeben, den Fisch darauflegen und mit der anderen Hälfte der Tomaten zudecken. Etwas Wasser zufügen, Topf mit dem Deckel schließen und den Fisch ca. 15–18 Minuten bei schwacher Hitze dünsten.
Den Fisch vorsichtig auf einen Teller legen und mit gehackten Kräutern servieren.

## Gebackene Forelle mit Tomaten und Paprika – Tapakaz Ischchan lolikov

### Տապակած իշխան ձուկը լոլիկով եվ պղպեղով

*600–800 g Forelle*
*Salz, Pfeffer, scharfes Paprikapulver*
*2 Tomaten*
*1 Zwiebel*
*1 Paprikaschote*
*Estragon, Koriander nach Belieben*
*50 g Butter*

Forellen waschen, mit einem Tuch trocken tupfen. Den Fisch von außen und innen mit Salz, Pfeffer und rotem Paprika einreiben. Tomaten, Zwiebel und Paprikaschote in Ringe schneiden.
Die Forellen mit einigen Zweigen Estragon und Koriander, einem Stück Butter und einigen Tomaten- und Paprikaringen füllen.
Eine hitzebeständige Form mit Butter bestreichen und die Hälfte der geschnittenen Tomaten und Paprika hineingeben. Darauf den Fisch legen und mit Tomaten, Paprika und Zwiebeln verdecken. Kleine Stückchen Butter hinzugeben und etwa 20 Minuten bei 190 °C backen.

## Gefüllte Forelle – Lconaz Ischchan

### Լցոնած իշխան

*1 kg Forelle*
*Salz, Pfeffer*
*100 g Champignons*
*1 rote Paprikaschote*
*Dill, Petersilie, Koriander, Estragon nach Belieben*
*2 Esslöffel Schmand*
*30 g Butter*
*Granatapfelkerne, Zitronenscheiben und Oliven für die Garnitur*

***Für die Soße:***
*150 ml Rotwein*
*150 ml Granatapfelsaft*
*2 Estragonzweige*

An den Seiten des gereinigten Fisches 2–3 nicht sehr tiefe Einschnitte vornehmen. Den Fisch salzen und pfeffern.
Für die Füllung die Pilze in dünne Scheiben, die Paprikaschote in dünne Streifen schneiden und gehackte Kräuter zufügen. Schmand hinzugeben, salzen und pfeffern.
Den Fisch mit der zubereiteten Füllung füllen und auf ein mit Backpapier ausgelegtes Blech legen. Kleine Stückchen Butter auf den Fisch legen. Den gefüllten Fisch etwa 20 Minuten bei 190 °C backen.

Für die Soße Rotwein, Granatapfelsaft und Estragonzweige in einer Sauteuse reduzieren, bis nur noch die Hälfte der Menge übrigbleibt.
Den Fisch mit Granatapfelkernen, Zitronenscheiben und Oliven servieren. Die Soße separat reichen.

## *Gegrillter Fisch – Chorovaz dzuk*

Խորոված ձուկ

***Für die Marinade:***
*1 Esslöffel Schmand oder Mayonnaise*
*1 Teelöffel Tomatenmark oder*
*1 Esslöffel Ketchup*
*Salz, Pfeffer*

*1 kg Forelle*
*Butter*
*Zitronenscheiben, Granatapfelkerne für die Garnitur*

Den Fisch reinigen, salzen und pfeffern.

Die Marinade aus Mayonnaise und Tomatenmark oder Ketchup zubereiten, mit Salz und Pfeffer abschmecken. Den Fisch, eingelegt in die Marinade, für einige Stunden in den Kühlschrank stellen. Vor dem Grillen die Marinade vom Fisch mit einem Papiertuch entfernen. Den Fisch in die Grillform legen und über heißen Kohlen grillen. Regelmäßig wenden und mit Butter bestreichen.

Den Fisch mit Zitronenscheiben und Granatapfelkernen servieren.

*Sedrak Mamulyan, Chefkoch des berühmten armenischen Restaurants „Ararat Hall“ in Jerewan, Vorsitzender der Vereinigung armenischer Köche und Moderator der Kochsendung „Die Ararater Küche“*

## Fürstlicher Fisch – Arqajakan dzuk

### Արքայական ձուկ

*4 Forellenfilets mit Haut*
*1 rote Paprikaschote*
*5–6 Estragonzweige*
*Salz, Pfeffer*
*70 g Butter*
*1 Lavasch*

Gräten der Forellenfilets mit einer Pinzette entfernen. Paprikaschote in Streifen schneiden. Kräuter klein hacken. Die Filets salzen, pfeffern und die Paprikastreifen und die Estragonblätter auf die Filets legen. Kleine Stückchen Butter darauf legen und die Filets zusammenrollen. Mit Holzspießen befestigen. Die Fischrollen so in den Lavasch wickeln, dass der obere Teil der Rolle offen bleibt. Butterstückchen auf die Rollen legen. Den Fisch auf einem mit Backpapier ausgelegten Blech verteilen und im vorgeheizten Backofen 18–20 Minuten bei 180 °C backen.

## *Fischrollen mit grünem Salat – Dzkan rulet enkujzov ev kanach achzanov*

### Ձկան ռուլետ ընկույզով եվ կանաչ աղցանով

*4 Fischfilets (Forelle, Seelachs, Felchen)*
*Salz, Pfeffer*
*etwas Olivenöl*

***Für die Nusssoße:***
*100 g Walnüsse*
*3–4 Esslöffel gehackte Kräuter: Petersilie, Dill, Koriander, Estragon*
*1 Knoblauchzehe*
*2 Esslöffel Olivenöl*
*Salz, Pfeffer*
*1 Teelöffel Essig oder Zitronensaft*

Zuerst die Soße zubereiten. Walnüsse, Kräuter und Knoblauchzehe mit dem Mörser zermahlen, Olivenöl nach und nach zufügen. Die Soße sollte nicht flüssig sein. Salzen und pfeffern nach Belieben. Einen Teil der Soße für den Salat zurückbehalten.
Fischfilets salzen, pfeffern, mit der Soße bestreichen, rollen und mit Holzspießen befestigen. Die Rollen mit etwas Olivenöl beträufeln und im vorgeheizten Backofen bei 180 °C etwa 20 Minuten backen.

Als Beilage passt dazu Grüner Salat.

## *Grüner Salat – Kanach achzan*

### Կանաչ աղցան

*Salatblätter nach Belieben*
*1 Zucchini*
*5–6 frische Champignons*
*1 grüne Paprikaschote*
*3 Esslöffel geriebener Käse*
*100 g Brombeeren*

Salatblätter klein reißen. Die Zucchini in Streifen und die Champignons in dünne Scheiben schneiden. Die grüne Paprikaschote in sehr dünne Streifen schneiden. Alles vermischen und mit dem geriebenen Käse bestreuen.
Die Walnusssoße mit Essig oder Zitronensaft verfeinern und zum Salat geben.
Die Fischrollen mit dem grünen Salat und frischen Brombeeren servieren.

# Herbstliche Genüsse

*Der Herbst in Armenien ist lang, klar und sonnig. Es ist die Zeit leuchtender Farben, lyrischer Stimmung und einer großen Anzahl an Festen und Feierlichkeiten.*

Nach der Sommerhitze erwacht insbesondere die Stadt Jerewan wieder zum Leben. Die Straßen füllen sich mit Menschen, aus den Schulhöfen erklingen fröhliche Stimmen und das Gelächter der Schüler, und die vielen Hochschulen und Institute nehmen ihre Arbeit auf. Auch die Theater öffnen ihre Türen mit neuen Programmen. Riesige Poster locken Gäste zu verschiedenen Konzerten, und wer sich nicht frühzeitig um Eintrittskarten kümmert, wird es nicht so schnell in die zumeist bis auf die letzten Sitzplätze ausverkauften Opern- und Ballettsäle schaffen. Gerade an diesen sonnigen und angenehm warmen Tagen beginnt auch die Reihe der herbstlichen Feste. Dazu gehören der Tag der Unabhängigkeit der Republik Armenien, der Tag der Hauptstadt Jerewan, das Erntedankfest und das Weinfest. Auch außergewöhnliche Feste wie das Fest der Übersetzer werden in dieser farbenfrohen Jahreszeit gefeiert.

Vor allem am Unabhängigkeitstag, dem 21. September, schmücken und putzen sich alle Städte heraus. Überall feiern die Menschen und genießen die Konzerte, die unter freiem Himmel stattfinden. In Jerewan zeigen nicht nur die Musikanten des Staatlichen Symphonieorches-

Armenische Tracht

ters und die Sänger des Chors ihr Können, sondern auch traditionelle Folklore-, Musik- und Tanzgruppen begeistern die Menschen mit ihren Auftritten. In jedem Park und auf jedem großen Platz gibt es etwas zu sehen, zu hören, zu genießen. In der Kirche des Surb Grigor Lusaworitsch werden festliche Messen gelesen.
Die Krönung des Festes findet jedoch abends auf dem Platz vor dem Opernhaus statt. Dort kann man Zeuge einer atemberaubenden Lasershow werden, die auf dem Operngebäude die Geschichte Armeniens zeigt. Abgerundet wird dieser zauberhafte Tag mit einem riesigen Feuerwerk, das wie der letzte Akkord einer Symphonie, einem Goldregen gleich, aus dem nächtlichen Himmel herunterfällt.

### *Das Erntedankfest*

Farbenfrohe Landschaften und ein Überfluss an Obst und Gemüse sind die Merkmale des Herbstes – der Jahreszeit, in der der Bauer voller Stolz die Früchte seiner Arbeit erntet.
Das Erntedankfest wird in allen Städten und Dörfern gefeiert, in bunten Umzügen oder fröhlichen Vorstellungen werden oftmals historische Gegebenheiten dargestellt. Natürlich kann man auch die köstlichen Früchte und traditionelle armenische Gerichte probieren. Oder man nimmt sich einen Teil des Festes mit nach Hause – in Form einer Flasche Wein, eines Stücks vom wohlschmeckenden Käse oder eines Korbes voller Früchte, die unter der warmen Sonne am Fuß des Ararats gereift sind.

Auch in der Hauptstadt Armeniens wird das Erntedankfest ausgiebig gefeiert. Im Zentrum der Stadt und vor allem auf der neugebauten Straße „Nördlicher Prospekt“ biegen sich hunderte von gedeckten Tischen unter der Last der Leckereien. Körbe, gefüllt mit Obst und Gemüse, die verschiedensten Fleisch- und Fischdelikatessen, frischgepresste Säfte, frische Milchprodukte, leckere Backwaren, Süßigkeiten und Weine – und das ist nur ein kleiner Teil der Leckereien, die die Gäste zum Genießen einladen. Dabei versucht jeder Austeller, den anderen mit der schönsten Präsentation seiner Produkte und mit aus Früchten erstellten Stillleben zu übertrumpfen. Wenn das Ganze noch mit einem schönen sonnigen Tag, mit Musik, Tanz und Puppentheater für die Kleinen gekrönt wird, so können die Gäste in diese unvergessliche Atmosphäre des farbenfrohen Festes eintauchen.

### *Das Fest des heiligen Kreuzes – Surb Chatsch*

Im September, am Sonntag zwischen dem 11. und 19. September, wird in Armenien auch eines der wichtigsten kirchlichen Feste gefeiert. Der Surb Chatsch, übersetzt „das heilige Kreuz“. Viele schöne Traditionen sind mit diesem Ereignis verbunden.

Der mächtige römische Imperator Konstantin (288–337), der an den Ufern des Bosporus die neue Hauptstadt Konstantinopel erbauen ließ, hatte den großen Wunsch, das Kreuz Jesu zu finden und ent-

sandte seine Mutter, die Kaiserin Elena, nach Jerusalem. Nach langer Suche wurde die heilige Grabstätte endlich entdeckt. Jedoch befanden sich darin drei Kreuze. Der Legende nach legte sich eine todkranke Frau nacheinander auf die Kreuze. Sie wurde von einem der Kreuze geheilt – dies musste das Kreuz Jesu sein. So nahm die Kaiserin im Jahre 326 einen kleinen Teil des Kreuzes mit und übergab es Konstantin. Später, im Jahre 335, erbaute Konstantin an der Stelle des Heiligen Grabes das Gotteshaus des Surb Harutjun (der Heiligen Auferstehung). Das Gotteshaus wurde am 13. September eingeweiht.

Das Fest des Heiligen Kreuzes ist sehr beliebt in Armenien. An vielen Orten stellen Armenier Kreuze selbst her und schmücken diese mit Blumen und Pflanzen. Denn nach armenischer Überlieferung unterschied sich das Heilige Kreuz von den anderen beiden dadurch, dass Blumen daran erblühten. Dies ist auch der Grund, warum die berühmten armenischen Chatschqar (Kreuzsteine) oft Blumenmuster zeigen. Unter all den Blüten, Pflanzen und Kräutern sticht insbesondere das Basilikum hervor – ein würziges Kraut mit intensivem Aroma. In der armenischen Sprache wird es auch „Arkajachot“ genannt, also Königskraut. An diesem Tag unternehmen viele Armenier Wallfahrten zu den Kirchen, Messen werden abgehalten, und jeder trägt einen Zweig Basilikum in seiner Hand – das Symbol der Weisheit und Aufklärung.

Das Fest des Heiligen Kreuzes findet Anfang des Herbstes statt. Damit ist auch die Tradition verbunden, einen festlichen Tisch zu decken.

Armenier nennen das Fest im Alltag auch einfach nur „Ulnoz“, da das traditionelle Gericht und der Blickfang des gedeckten Tisches ein im Tonir gebackenes Zicklein ist, das auf Armenisch „Ul“ genannt wird. Normalerweise werden im Tonir (Tundir) unter dem Zicklein zugleich auch andere Gerichte zubereitet, Kaschkan etwa. In einer großen Pfanne werden schichtweise Dzawar (vorgegarter Weizen) und klein geschnittene Lammstücke gelegt. Das Ganze wird mit Wasser gefüllt und unter das vor sich hin bratende Zicklein gestellt.

An diesem Tag darf auch das beliebte Gericht „Chapama“ nicht fehlen – gefüllter Kürbis mit gekochtem Reis und Trockenfrüchten. Außerdem wird ein besonders schmackhaftes Gericht namens „Mschosch“, Linsen mit Nüssen und Trockenfrüchten, serviert. Natürlich dürfen Früchte, Nüsse, Süßigkeiten und Gebäck auf dem Tisch nicht fehlen. In vielen Restaurants ist es an diesem Tag bereits zur Tradition geworden, den Gästen die traditionellen Gerichte des Festes zu servieren, zusätzlich zu der eigentlichen Bestellung.

Schließlich wird das ganze Fest von Musik und traditionellem Tanz begleitet.

*Und nun Freunde, lasst uns alle an die Hände fassen und den uralten armenischen Tanz „Qotschari“ tanzen – einen Tanz des Lebens und der Fruchtbarkeit.*

## Gebackener Kürbis – Chapama

Chapama ist ein uraltes und buntes Gericht der armenischen Küche, das seit jeher auf armenischen Hochzeitsfeiern gereicht wird. Soll doch die Zukunft der frisch Vermählten und auch der Gäste genauso süß, reich und hell sein wie der Reis, der im Kürbis gebacken wird. Dabei ist Chapama nicht nur ein Genuss für den Gaumen, sondern bietet auch einen herrlichen Anblick. Auch zum Surb Chatsch-Fest wird es zubereitet. Aber gleich aus welchem Anlass, Chapama verwandelt jeden gedeckten Tisch in einen Festtagstisch. Dabei wird dieses Gericht von allen geliebt, ob alt oder jung.

Chapama ist ein im Ofen gebackener Kürbis, gefüllt mit gekochtem Reis, frischen und getrockneten Früchten, Nüssen, übergossen mit Honig und Butter. Sehr sättigend, gesund und köstlich. Wie die meisten traditionellen Gerichte wird auch Chapama am besten zu geselligen Treffen mit Freunden oder in der Familie gereicht. Dann wird der Kürbis im Beisein von Gästen und Freunden angeschnitten und jeder bekommt seinen Teil des Glücks.

Für die Zubereitung sind nur reife Kürbisse geeignet, und die Größe hängt ganz von der Zahl der Familienmitglieder und Freunde ab. Es sollte jedoch sichergestellt werden, dass der Kürbis auch in den Backofen passt. Solange die Chapama noch im Backofen goldbraun wird, versammeln sich alle am Tisch und üben sich in Geduld. Diese wird jedoch belohnt, sobald der Kürbis aus dem Backofen geholt und angeschnitten wird. Dann verbreitet er seinen einzigartigen Duft – und macht jeden Gast glücklich.

Dieses Gericht gleicht einem Gemälde: Ein reifer, runder Kürbis in seiner vollen Pracht, gefüllt mit wunderbaren Zutaten.

## *Chapama (Gefüllter Kürbis)*

Ղափամա

*1 Kürbis (ca. 2–3 kg, backofengeeignet)*
*50–60 g Butter*
*1 Teelöffel Zimt*

***Für die Füllung:***
*100 g Mandeln (oder Nüsse)*
*250 g Reis*
*100 g getrocknete Aprikosen*
*100 g Rosinen*
*1 Apfel*
*1 Quitte*
*4 Esslöffel Honig*

Den Kürbis waschen und den Stielansatz wie einen Deckel abschneiden (Durchmesser ca. 20–25 cm). Die Kerne und das weiche Fruchtfleisch entfernen. Den Kürbis von innen mit Butter bestreichen und eine Messerspitze Zimt hineingeben.

Für die Füllung die Mandeln mit heißem Wasser übergießen und nach kurzer Zeit die Haut der Mandeln entfernen. Den Reis etwas kochen. Dieser sollte jedoch nicht vollständig gekocht sein.

Getrocknete Aprikosen in kleine Stücke schneiden und 2–3 Minuten mit den Rosinen in ca. 2–4 Esslöffeln Wasser kochen. Apfel und Quitte schälen und in kleine Stücke schneiden.

Den Reis mit den getrockneten Früchten, Mandeln, Apfel- und Quittenstücken vermischen und den restlichen Zimt hinzugeben. Den Kürbis mit der Masse füllen. Den Kürbis mit seinem Deckel schließen und im vorgeheizten Backofen bei 180 °C ca. 1,5–2 Stunden backen. Nach einer Stunde Backzeit den Honig hinzufügen.

Vor dem Servieren den Deckel öffnen und Butter hinzufügen. Den Kürbis wie eine Wassermelone in Spalten schneiden. Für die Füllung können auch andere getrocknete Früchte wie Kirschen oder Kornelkirschen verwendet werden.

Ein 3 kg schwerer Kürbis reicht für 10–12 Portionen.

## *Mschosch (Traditionelles Linsengericht)*

Մշոշ

*400 g Linsen*
*Salz, Pfeffer*
*2–3 Esslöffel Pflanzen- oder Olivenöl*
*1 Zwiebel*
*80 g Walnüsse*
*80 g getrocknete Aprikosen und Dörrpflaumen*
*Petersilie, Dill nach Belieben*

Die Linsen waschen und mit Wasser bedeckt kochen, bis sie bissfest sind. Salz, glasig gedünstete Zwiebelwürfelchen und gehackte Walnüsse dazugeben. Die getrockneten Aprikosen und Dörrpflaumen waschen, schneiden und zu den Linsen geben. Die Linsen weitere 10–15 Minuten köcheln lassen.

Den Mschosch in einem großen tiefen Teller servieren. Mit schwarzem Pfeffer und gehackten Kräutern bestreuen.

Dieses Gericht kann sowohl warm als auch kalt serviert werden.

# Die Geschichte des Neujahrsfestes

*Das Neujahrsfest ist eines der ältesten Feste in der Geschichte der Menschheit. Bereits im 4. Jahrtausend v. Chr. haben uralte Völker wie die Babylonier, Armenier, Assyrer und Ägypter, das Neujahrsfest Ende März gefeiert.*

Es war ein Fest zu Ehren der Wiedergeburt der Natur und der Erneuerung der Welt. Der ursprüngliche armenische Kalender bestand aus zwölf Monaten mit jeweils dreißig Tagen und einem dreizehnten Monat mit nur fünf Tagen. Jeder Monat hatte einen eigenen Namen.

Bis 2500 v. Chr. feierten die Armenier ihr Neujahr im März mit Festen und Zeremonien, mit denen sie die Auferstehung der Natur priesen sowie die Götter um ein erntereiches Jahr baten. Später wurde das Neujahrsfest Nawasard am 11. August gefeiert. Der Legende nach bekämpfte Hayk Achechnawor (Hayk der Bogenschütze) an diesem Tag den Tyrannen Bel in Vajoc Dzor und schenkte damit seinem Geschlecht und den zukünftigen Generationen Freiheit.

Die wichtigsten Ereignisse zum Neujahrsfest fanden an den Ufern des Flusses Aratsani (Euphrat) am Fuße des Berges Npat statt. An den Festlichkeiten nahmen der König und seine Ehegattin sowie die Heerführer mit der armenischen Armee teil. Menschen aus ganz Armenien strömten herbei, um am Fest teil-

*Eingang zur Markthalle, geschmückt für das Neujahrsfest*

zuhaben. Das Tal erblühte aus der Ferne aufgrund der bunten Zelte wie ein Feld voller Frühlingsblumen. Während der Feierlichkeiten konnten die Gäste an sportlichen, aber auch literarischen und musikalischen Wettbewerben teilnehmen.

Den Gewinnern wurden Blumenkränze verliehen und auf ihre Häupter wurde Rosenblütenwasser getropft. Schließlich wurden zur Feier des Tages weiße Tauben in den Himmel freigelassen.

Ab dem 18. Jahrhundert wurde das Neujahrsfest am 1. Januar gefeiert. Trotz des geänderten Datums blieben die Traditionen und Riten weiter erhalten. Im Bewusstsein der Menschen war der Gedanke, dass an diesem Tag das Alte verschwindet und das Neue zum Leben erweckt wird, fest verankert. Damit auch die Menschen ein neues Leben beginnen konnten, wuschen sie sich mit speziellen Riten von ihren Sünden rein. Die Seele sollte von den Sünden, aber auch von den Sorgen des alten Jahres befreit werden.

An diesen Tagen wurde jeder Kleinigkeit und jedem Ereignis besondere Beachtung geschenkt. Neue Kleidung wurde für das Fest gekauft, und vor allem die Kinder wurden besonders herausgeputzt. Streitereien und unangenehme Gespräche waren verboten. Zum Neujahr bemühten sich die Armenier auch, ihre Schulden zu begleichen, ihren Mitmenschen zu verzeihen und um Verzeihung zu bitten.

Bevor man abends zu der feierlichen Neujahrmesse in die Kirche ging, zündete man zu Hause Kerzen als Symbol für die Sonne und ihre Wärme an.

Dem neujährlichen festlichen Tisch galt besondere Aufmerksamkeit. Er wurde mit Weiden- oder Olivenzweigen dekoriert und mit Weizen, Reis, Rosinen und Nüssen geschmückt. Die Zweige symboli-

*Das Opernhaus in Jerewan im Winter*

*Kaiserin Theophanu, die berühmte römisch-deutsche Kaiserin armenischer Herkunft (Bildnis in der Romanischen Kirche St. Pantaleon in Köln)*

sierten den Baum des Lebens (Kenac Tsar) – den Vorgänger des heutigen Tannenbaums. Aufgrund der klimatischen Bedingungen wurden in den verschiedenen Regionen Armeniens unterschiedliche festliche Gerichte zum Neujahrfest gereicht. Üppig gedeckt waren die Tafeln jedoch überall.

Kein Neujahrsfest verging in Armenien ohne Wahrsagungen, denn der Wechsel vom Alten zum Neuen galt als ein günstiger Zeitpunkt für Zukunftsvorhersagen und das Äußern von Wünschen. Viele magische Rituale haben sich im Laufe der Geschichte im Bewusstsein der Armenier verfestigt. Für jedes Familienmitglied wurden kleine Gebäcke in Form von Menschen, Tieren oder anderen Gegenständen gebacken, die „Asil-Basil" hießen. Gelang das Gebäck gut, dann konnte sich die Person, für die die Vorhersage bestimmt war, auf ein gutes Jahr freuen, andernfalls wurde ein eher schlechtes Jahr erwartet.

Neben dem herkömmlichen Brot wurde zu Neujahr auch das „Jahresbrot" gereicht, das mit Nüssen und Trockenobst gefüllt und dekoriert wurde. In dieses ganz besondere Brot wurde eine Perle oder Münze hineingelegt. Derjenige, der die Perle oder Münze in seinem Stück Brot fand, durfte sich auf ein glückliches neues Jahr freuen.

Im Altertum fasteten die Menschen vier Wochen vor Weihnachten, das nach dem Neujahr gefeiert wurde. Somit war der Neujahrstisch an die Fastenzeit angepasst, aber dennoch sehr üppig und reichlich gedeckt. Jede Hausfrau bereitete mindestens sieben Gerichte aus Getreide und Hülsenfrüchten zu. Auch frisches und getrocknetes Obst und Nüsse durften zu Neujahr nicht fehlen.

Das traditionelle armenische Gebäck „Gata“ und der süße „Scharoc“ nahmen auf dem Tisch einen ganz besonderen Platz sein. Bis heute sind viele der damaligen Gerichte und Süßspeisen von den modernen Neujahrstischen nicht wegzudenken. Kurz bevor das alte in das neue Jahr wechselte, gab die Frau des Hauses jedem Familienmitglied einen Löffel Honig, um ihnen damit ein „süßes“ Jahr zu wünschen. Um Mitternacht wurden die Gerichte gesegnet und allen ein tolles Neues Jahr gewünscht. So begann das festliche Neujahrsessen.

In dieser Nacht schlief kaum jemand, denn niemand wollte diesen Zauber verpassen. Nach dem Essen gingen insbesondere die jungen Menschen auf die Straße und sangen Neujahrslieder. In kleinen Gruppen gingen sie von Haus zu Haus und ließen durch die Schornsteine geflochtene Körbe und Socken, gefüllt mit Geschenken, Früchten, Trockenobst und Nüssen, herab. Einige Familien nahmen die Geschenke nicht nur entgegen, sondern füllten die Socken und Körbe ihrerseits.
Eine berühmte Persönlichkeit war „Kachand Pap“, der armenische Weihnachtsmann, der in der Neujahrsnacht die Kinder besuchte und ihnen Geschenke übergab. Es wird angenommen, dass für die märchenhafte Figur eine reale Person als Vorbild diente, nämlich Nikolaus von Myra, der Beschützer der Armen und Kinder. Für seine guten Taten wurde Nikolaus später heilig gesprochen.

Im 10. Jahrhundert kam diese Tradition dank Theophanu, der römisch-deutschen Kaiserin armenischer Herkunft und Ehefrau des Kaisers Otto II. von Byzanz, auch nach Europa. Unter anderem brachte sie aus Konstantinopel Künstler und Architekten mit, die die europäische Kunst und Architektur stark beeinflussten. Darüber hinaus war Teophanu eine sehr weise und vorausschauende Herrscherin, die bereits zu der damaligen Zeit versuchte, Europa zu einen und damit zu stärken. Nach ihrem Tod wurde sie in der frühromanischen Kirche St. Pantaleon in Köln beigesetzt.
Heute heißt der moderne Weihnachtsmann in Armenien „Dzmer Pap“ und hat seine Enkelin „Dzyunanuschik“ als Begleitung dabei. Bis heute zaubert er den Kindern ein Lächeln ins Gesicht und lässt sie an diesen schönen Zauber glauben.

Der erste Januar und auch die Tage danach bis Weihnachten am 6. Januar waren die Tage der neujährlichen Gratulationen, des Gästeempfangs und der Besuche. Vom frühen Morgen an beeilten sich die Menschen, um ihren Verwandten, Freunden und Bekannten zu gratulieren. Auf der Straße gratulierten sich die Menschen gegenseitig und wünschten auch Unbekannten ein gutes Neues Jahr. In allen Häusern waren die Tische reichlich gedeckt und die Hausherren warteten ungeduldig auf ihre Gäste. Diese kamen natürlich nicht mit leeren Händen, sondern mit Geschenken, Süßig-

*Alles geschmückt für das Neujahrsfest*

keiten und Glückwünschen. Das Neujahrsfest war und ist bis heute ein Volksfest, das fließend in das Weihnachtsfest übergeht, das die Armenier seit über 1700 Jahren am 6. Januar feiern. All die Traditionen und Bräuche sind bis heute erhalten geblieben und werden von Generation zu Generation weiter gegeben.

### *Neues Jahr – Neues Glück!*

Für die Mehrheit der Armenier ist das Neujahr das Lieblingsfest, auf das sie sehnsüchtig warten. Sie erwarten ein neues Wunder, ein schönes Märchen und ein neues Glück. Dieses Fest wurde und wird seit jeher von freudigen Bemühungen um eine schöne Feier, von Hoffnung auf ein glückliches neues Jahr und die Erfüllung der Wünsche begleitet. So besagt ein Sprichwort: „Wie man das Neue Jahr empfängt, so verbringt man es auch."

Die Vorbereitungen für das Neujahrsfest beginnen bereits Anfang Dezember. Die Menschen bringen ihre Häuser und Wohnungen auf Hochglanz und denken sich schöne Dekorationen aus. Natürlich darf auch ein hübsch geschmückter Tannenbaum nicht fehlen. Die Vorfreude und die Aufregung machen sich überall bemerkbar. In den aufwändig dekorierten Schaufenstern werden Tannenbäume aufgestellt, die Straßen erstrahlen in neuem Licht und bringen insbesondere Kinderaugen zum Strahlen. Auf dem Platz der Republik in Jerewan werden ein 40 Meter hoher Tannenbaum und Tribünen für Neujahrkonzerte aufgestellt.

In den Lebensmittelläden werden die Schlangen an den Kassen immer länger. Dabei ist die Nachfrage nicht nur nach den alltäglichen Produkten, sondern auch nach Delikatessen sehr groß. Denn Neujahr ist die Zeit, in der man Gäste empfängt und verwöhnt, und dabei muss der

*Silvesterlauf der Weihnachtsmänner*

Tisch voller Leckereien sein. Das Neujahr ist nicht nur ein Volks-, sondern insbesondere auch ein Familienfest. So versammeln sich alle Familienmitglieder an einem Tisch, um zusammen in das neue Jahr zu rutschen.

Auf dem Neujahrstisch findet man die nationalen Gerichte, Süßspeisen und natürlich armenischen Wein und Brandy. Als traditionelle Vorspeisen werden Basturma, Schudschuch, geräuchertes Fleisch, Fisch, Eingelegtes, Mariniertes, Salate und natürlich Gerichte wie Pasuc Tolm gereicht. Die Auswahl an warmen Gerichten ist auch sehr groß. So dürfen vor allem Tolma aus Weinblättern und eine riesige Schweinskeule, dekoriert mit mariniertem Obst, nicht fehlen. Verschiedene süße Leckereien wie Scharoc, Alani, Trockenfrüchte und Nüsse sind ebenfalls fester Bestandteil des Tisches.

Für Kinder wird das Neujahr zu einem ganz besonderen Fest. Der Dzmer Pap hat für die Kinder Geschenke gebracht, und bei manchen liegen diese bereits unter dem Tannenbaum.

Sobald es dann endlich Mitternacht wird, knallen in den Häusern die Korken und alle gratulieren sich gegenseitig und begrüßen das neue Jahr. Aus allen Gegenden der Erde werden dann Anrufe von Verwandten und Freunden entgegengenommen, und man wünscht sich alles Gute für das neue Jahr.

Kurz nach Mitternacht beginnen in Jerewan auf dem Platz der Republik ein zauberhaftes Feuerwerk und festliche Konzerte. So machen sich alle auf den Weg dorthin. Aber nicht nur in Jerewan, überall in Armenien, in allen Städten und Dörfern, wird diese Nacht eine ganz besondere – voller Freude, Lachen und Glückwünsche.

*Frohes neues Jahr, meine Lieben! Neues Jahr, neues Glück!*

## Bohnenpastete – Lobiov Paschtet

### Լոբիով պաշտետ

*500 g Wachtelbohnen (oder Kidneybohnen)*
*2 Zwiebeln*
*50 ml Sonnenblumenöl*
*Salz, Paprikapulver*
*100 g Walnüsse*
*1 Knoblauchzehe*
*1 kleiner Bund Koriander bzw. Petersilie*

Wachtelbohnen über Nacht einweichen, zum Kochen bringen und köcheln lassen, bis sie weich werden. Falls das Wasser nicht ganz abgedampft ist, die Bohnen in ein Sieb geben. Das Wasser jedoch nicht weggießen, damit es benutzt werden kann, falls das Püree zu fest wird. Die Bohnen mit einem Pürierstab pürieren. Zwiebeln schälen und in kleine Würfel schneiden, kurz in einer Pfanne mit Sonnenblumenöl glasig andünsten. Mit Paprika abschmecken und zum Püree hinzufügen. Walnüsse zerhacken, Knoblauchzehe pressen und mit dem Püree vermischen. Wird die Masse zu fest, ein wenig von dem abgefangenen Wasser zugießen, damit diese geschmeidiger wird. Abschließend noch mit Salz abschmecken.
Die Bohnenpastete wird in einer Schale serviert und mit gehackten Walnüssen und klein geschnittenen Korianderblättern oder Petersilie dekoriert.
Ein ausgefallener Serviervorschlag: Aus der Bohnenpastete mittelgroße Klößchen formen, in gehackten Walnüssen wälzen und auf Salatblättern servieren.

## Rinderzunge in Rotweinsoße – Lezun ginu tanzrukov

### Լեզուն գինու տանձրուկով (սոուսով)

*1 Rinderzunge*
*3–4 Lorbeerblätter*
*1 Möhre*
*1 Zwiebel*
*5–6 schwarze Pfefferkörner*
*2–3 Wacholderkörner, Salz*

Die Rinderzunge gut waschen, in einen Topf mit kaltem Wasser und etwas Salz geben und kochen. Lorbeerblätter, Möhre, geschälte Zwiebel, schwarze Pfefferkörner und Wacholderkörner hinzufügen.
Die Rinderzunge bei schwacher Hitze mindestens 3 Stunden kochen lassen. Die gekochte Zunge kurz in ein Gefäß mit kaltem Wasser legen und die Haut entfernen. Dann zurück in die heiße Kochbrühe geben.

***Für die Soße:***
*1 Teelöffel Mehl*
*30 g Butter*
*100 ml Kochbrühe, 100 ml Rotwein*
*etwas (¼ Teelöffel) Zucker*
*20 g Rosinen, 2 frische Pflaumen*
*2–4 ml Zitronensaft*
*3–4 Zitronenscheiben*
*Granatapfelkerne zum Garnieren*

Für die Soße Mehl in Butter anbraten. Dann ein wenig Kochbrühe, Wein, Zucker, Rosinen und ein paar Tropfen Zitronensaft hinzufügen. Die Soße ein paar Minuten köcheln lassen, um sie zu verdicken.
Frische Pflaumen- und Zitronenscheiben am Ende der Garzeit zugeben, einige Pflaumenscheiben für die Garnitur zurückbehalten. Wenn es keine frischen Pflaumen gibt, Backpflaumen zugeben und zusammen mit Rosinen in der Soße aufkochen.
Die Zunge in dünne Scheiben schneiden. Mit der Soße, frischen Pflaumenscheiben und Granatapfelkernen garnieren.

Wine
MAP Company
Seit 1942
ARAME
Granatapfel
Wein
Mild

## *Gebackene Schweinekeule – Chozi Bud*

Խոզի բուդ

*2,5–3 kg Schweinskeule*
*5–6 Knoblauchzehen*
*2 Möhren*
*Salz, Pfeffer*
*scharfes Paprikapulver*
*100 ml trockener Weißwein*
*2 Esslöffel Schmand*

Das Fleisch an der Oberfläche an mehreren Stellen mit einem scharfen, dünnen Messer einschneiden. In die entstandenen Einschnitte Knoblauchzehen und Möhrenstreifen hineinlegen.
Falls eine Speckschwarte vorhanden ist, diese kreuzweise anritzen und mit Salz, Pfeffer und Paprika würzen. Ein Glas Wasser in die Bratenform geben. Das Fleisch mit der Hautseite nach oben in die Bratenform legen und im vorgeheizten Backofen 2,5–3 Stunden bei 180 °C garen und regelmäßig mit Weißwein übergießen.
Bei nicht fettigem Fleisch Schmand oder eine Schmand-Tomatenpaste-Mischung auf der Fleischoberfläche verteilen.
Vor dem Servieren das Fleisch einige Minuten ruhen lassen.
Das Fleisch kann mit gebratenem und mariniertem Obst (S. 201) serviert werden.
Die gebackene Schweinekeule schmeckt auch kalt hervorragend.

## *Lammkeule in Rotweinsoße – Schtoraz garan bud ginov*

Սխտորած գառան բուդ գինով

*1,5–2 kg Lammkeule*
*Salz*
*schwarzer gemahlener Pfeffer*
*1–2 Esslöffel geschmolzene Butter zum Braten*
*1 Esslöffel Tomatenmark*
*1 Teelöffel Zucker*
*scharfes Paprikapulver*
*500–600 ml Rotwein*
*250 ml Wasser*
*5–6 Knoblauchzehen*
*5–6 schwarze Pfefferkörner*
*2–3 Thymianzweige*
*Chili nach Belieben*

*Fleisch in Weinsoße wurde bereits von unseren Vorfahren in der Antike zubereitet, insbesondere während der Festlichkeiten, die dem Gott Ara gewidmet waren. Aber auch heute darf es auf festlich gedeckten Tischen nicht fehlen.*

Das Fleisch waschen, trocken tupfen, mit Salz und Pfeffer einreiben und in einem großen Topf leicht anbraten. Tomatenmark mit Wasser verdünnen, Zucker, Salz, scharfen Paprika und Rotwein hinzufügen und zum Fleisch geben. Knoblauch, Pfefferkörner, Chili und Thymianzweige in den Topf geben. Kurz zum Kochen bringen und dann ca. 1,5–2 Stunden bei schwacher Hitze dünsten. Das Fleisch muss von Zeit zu Zeit gewendet werden.
Das Fleisch aus dem Topf herausnehmen und in Scheiben schneiden. Das Fleisch mit der Soße übergießen und mit gekochten Kartoffeln, marinierten Patissonen (kleine runde Zuccini) und anderem gedünsteten und mariniertem Gemüse servieren.

# Weihnachten

Weihnachten wird in Armenien am 6. Januar gefeiert. Bis zum 5. Jahrhundert feierten alle christlichen Kirchen die Geburt Christi am 6. Januar, doch im Laufe der Zeit begannen viele Kirchen, Heiligabend am 24. Dezember zu feiern.
In Armenien wird Heiligabend jedoch am 5. Januar gefeiert. Interessant ist, dass in manchen Regionen Armeniens Weihnachten lediglich als „das Fest" bezeichnet wurde, denn es galt als das wichtigste Fest des Jahres.
Wie auch im Altertum werden am Abend des 5. Januar Messen in den Kirchen abgehalten. An diesem Abend nehmen die Menschen die in der Kirche angezündeten Kerzen mit nach Hause als Symbol für das göttliche Licht und den Segen der Kirche. Nach der Messe beginnt das Fest der Taufe Jesu Christi mit einer Zeremonie der Wasserweihung – „Djrornerk". Die Armenische Apostolische Kirche ist die einzige christliche Kirche, die den altertümlichen Brauch pflegt, die Geburt Christi und seine Taufe gemeinsam als Dreikönigsfest zu feiern. In das Wasser wird ein Kräuteraufguss, „Meron", gegeben, und es wird mit Gebeten gesegnet. Der Tradition nach nehmen die Besucher der Messe ein wenig von dem heiligen Wasser mit nach Hause, denn diesem Wasser werden heilende Kräfte nachgesagt. So wird es wie ein Heiligtum mitgenommen und aufbewahrt.

*Weihnachtsmesse in der Kathedrale von Etschmiadsin („Muttergotteskirche")*

Viele Reisende, darunter auch der Bischof von Oldenburg aus Hildesheim, berichteten von dem armenischen Weihnachtsfest im Königreich Kilikien. Das Fest begann am Ufer des Flusses, an dem sich eine große Schar von Menschen mit Flaggen versammelte, die den König und die Kirchendiener begrüßten. Der König gelangte auf einer Art Brücke zur Mitte des Flusses, wo ihn ein Kirchendiener empfing und ihm ein Kreuz übergab, das speziell für diesen Anlass hergestellt wurde. Der König warf das Kreuz in den Fluss und segnete damit das Wasser. Auch die Kirchendiener segneten das Wasser und ließen Tauben in den Himmel fliegen. Nach dieser Zeremonie versammelten sich die Menschen und der König in einer Art Stadion, in dem später sportliche Wettkämpfe und Pferderennen stattfanden.

Heute ist Weihnachten in Armenien ein gemütliches Familienfest mit seinen speziellen Gerichten. An diesem Tag werden immer Fisch, Harisa, Pasuz Tolma und Gerichte aus Hülsenfrüchten gereicht. Aber auch Gebäcke, Obst, Trockenfrüchte und trockener Rotwein dürfen nicht fehlen.

## *Amitsch (Hähnchen oder Pute für festliche Anlässe)*

Ամիչ

*100 g Reis*
*80 g Butter*
*60 g getrocknete Aprikosen*
*70 g Rosinen*
*70 g geschälte Mandeln*
*Salz, Pfeffer*
*1 Messerspitze gemahlene Gewürznelken*
*½ Teelöffel gemahlener Zimt*
*1,2 – 1,5 kg Hähnchen*
*2 – 3 Esslöffel Schmand*

Den Reis ca. 7 Minuten in etwas gesalzenem Wasser kochen und in einem Sieb abtropfen lassen. 50 g Butter in einer heißen Pfanne schmelzen, den Reis dazugeben und ca. 1 Minute anbraten. Getrocknete Aprikosen und Rosinen im warmen Wasser ca. 15 Minuten einweichen, dann abtrocknen. Getrocknete Aprikosen in kleine Stücke schneiden. 20 g Butter in einer heißen Pfanne schmelzen und die Aprikosen, Rosinen und Mandeln eine Minute braten und zum Reis dazugeben. Den Reis mit den anderen Zutaten gut vermischen. Mit Salz, Pfeffer, Gewürznelken und Zimt abschmecken. Das Hähnchen waschen, von innen und außen mit Salz und Pfeffer einreiben und mit dem Reis füllen. Das Hähnchen mit Holzspießen schließen. Eine hitzebeständige Form mit der restlichen Butter bestreichen. Den Schmand auf der Oberfläche des Hähnchens verteilen und das Hähnchen für 55 – 60 Minuten bei 180 °C in den vorgeheizten Backofen stellen. Den entstehenden Saft immer wieder auf das Hähnchen gießen. Mit gegarten oder gebratenen Äpfeln servieren.

# Kaffee – das schwarze Gold

*Einer der Genüsse, die die Natur der Menschheit bietet, ist das Trinken von Kaffee.*

Dieses uralte Getränk hat sich seit Langem zu einem unersetzlichen Teil unseres Lebens entwickelt. Der kräftige aromatische Geruch gerösteter Kaffeebohnen wirkt anregend. Für viele ist der morgendliche Schluck frisch gebrühten Kaffees so wichtig wie die Luft zum Atmen. Das wunderbare Aroma des Kaffees kann uns in eine wohlige Wärme hüllen, während das Kaffeesatzlesen nach diesem Genuss so manch einem die Zukunft voraussagen kann.

Wissenschaftler diskutieren seit Jahren über die Vor- und Nachteile des Kaffeegenusses. Gleichzeitig umgeben sich Kaffeeliebhaber mit Legenden über das wunderbar duftende Getränk.

Das Herkunftsland des Kaffees ist Äthiopien, wo die Kultur des Kaffeegenusses bereits vor etwa einem Jahrtausend begann. Mit den arabischen Eroberern gelangte der Kaffee in andere Länder und natürlich auch nach Armenien. Während die ersten Kaffeehäuser im Osmanischen Reich entstanden, erreichte diese Institution 1554 Istanbul und damit den europäischen Kontinent. Weitere Kaffeehäuser in Venedig, Leipzig, London und Wien entstanden. Der Überlieferung nach hat in Wien ein Armenier namens Howannes Astvatsatur oder besser bekannt als Johannes Diodato das erste Kaffeehaus in seinem eigenen Haus in der heutigen Roter-Turm-Straße 14 eröffnet. Im Jahr 1685 erhielt er vom Kaiser Leopold I. das Privileg auf ein Monopol im Kaffeegeschäft für zwanzig Jahre. Zu seinen Ehren wurde in Wien sogar ein Park nach ihm benannt – „Johannes-Diodato-Park“.

*Es ist nicht schwierig, für einen wahren Freund zu sterben, schwierig ist es, einen wahren Freund zu finden.*

(armenisches Sprichwort)

Im Zusammenhang mit Kaffee kommt jedem Kaffeeliebhaber sicherlich die Marke Tchibo in den Sinn, die im Jahr 1949 von Max Herz und Carl Tchillinghiryan gegründet wurde. Der Markenname Tchibo setzt sich dabei aus dem Namen Tchilling und dem Wort Bohne zusammen.

Überhaupt kann behauptet werden, dass sich Kaffee in vielen Ländern zu einem Nationalgetränk entwickelt hat. Die Armenier gehören ohne Zweifel zu dem Teil der Menschheit, der täglich das Lieblingsgetränk Kaffee, oder besser „Surch", zu sich nimmt. Der Genuss des Kaffees beschränkt sich dabei zumeist nicht auf eine Tasse und wird als ein Ritual zelebriert, das seit Jahrhunderten gepflegt wird. Kaffee wird in Armenien zu allen Gelegenheiten genossen, sowohl bei Feierlichkeiten als auch beim geselligen Beisammensein mit Freunden. Eine Tasse aromatischen Kaffees dient als wunderbare Ergänzung bei jeder Gelegenheit.

Bei Problemen oder Sorgen klingeln Armenier an der Tür ihrer Nachbarn und Freunde, wo sie sicherlich eine Tasse Kaffee und ein erleichterndes Gespräch erwartet.

So kann man sagen, dass Kaffee für Armenier nicht nur ein einfaches und munter machendes Getränk ist, sondern auch ein Allheilmittel gegen Sorgen. Und noch mehr! Denn viele Armenier glauben daran, dass das Lesen ihres Kaffeesatzes ihre Zukunft voraussagen und in richtige Bahnen lenken kann. Mit stoischer Ruhe werden die Muster und Bilder im Kaffeesatz begutachtet. Dies setzt natürlich eine besondere Gabe und Phantasie voraus.

Doch was verstehen Armenier unter einer wahren Tasse Kaffee? Erstens trinkt man traditionell armenischen Kaffee aus kleinen Tassen, vergleichbar mit Espressotassen. Zweitens müssen die Kaffeebohnen frisch gemahlen und fein wie Mehl sein. Schließlich muss der bereits gekochte Kaffee mit einem aromatischen Kaffeeschaum bedeckt sein.

Dieser Schaum heißt auf Armenisch „ser“, was zugleich „Liebe“ bedeutet. Wenn Ihnen der Kaffee mit einem Schaum gelingt, können sich Ihre Gäste sicher sein, dass dieser Kaffee mit Liebe gekocht wurde. Getrocknete Früchte, umhüllt von Schokolade, und weitere Leckereien und Gebäcke ergänzen den Kaffeetisch.

Das Rezept für eine traditionelle Tasse armenischen Kaffee ist einfach: Für eine kleine Tasse nehmen die Armenier einen Teelöffel Kaffee und Zucker nach Bedarf, meistens einen halben Teelöffel. Der Kaffee wird dabei in einem speziellen Behälter – „Jazve“ (gesprochen Djazwe) – gekocht. So werden Kaffee, Zucker und eine Tasse Wasser im Jazve auf schwacher Hitze so lange gekocht, bis der Kaffee hochsteigt. Jedoch wird der Kaffee nicht zum Kochen gebracht. Der Jazve wird vom Herd genommen, sobald der Schaum am Rande des Jazves steht.

Armenischen Kaffee kann man jedoch nicht nur zu Hause, sondern auch in den vielen wunderschönen und bequemen Cafés insbesondere der Hauptstadt Jerewan genießen. In vielen Cafés wird der Kaffee im heißen Sand gekocht. Die Zubereitung nimmt zwar mehr Zeit in Anspruch, verleiht dem Kaffee jedoch einen intensiveren Geschmack. Ob der Kaffee fertig ist, erkennt man auch an seinem Schaum: Er muss luftig und hell – wie die Liebe – sein.

Kaffee ist für die Armenier nicht nur ein Getränk, sondern etwas Besonderes und Allgegenwärtiges. So wurde ein riesiger Jazve vor einem der berühmtesten Cafés Jerewans, das auch den Namen „Jazzve“ trägt und sich vor dem Operngebäude befindet, aufgestellt – ein Denkmal für Kaffee.

# Süßes und Gebäck

## Gata – der Klassiker des armenischen Gebäcks

Die Gata, ganz gleich ob nach Jerewaner, Arzacher oder Wanadsorer Art – ist eine der ältesten armenischen Gebäckarten, die mit ihrer leckeren Füllung „Choriz" auf keinem Fest fehlen darf. Eine ganz besondere Rolle nimmt Gata bei armenischen Hochzeitsfeierlichkeiten ein, denn in schönen durchsichtigen Folien verpackt, wird dieses Gebäck als ein süßes Geschenk an die Brautjungfern verteilt.

Obwohl die Zubereitung des Gebäcks einige Zeit in Anspruch nimmt, werden alle Mühen vergessen und belohnt, wenn dieses wohlriechende Gebäck aus dem Backofen geholt wird. Da alle Armenier die Gata lieben, ist sie meistens bereits bis zum letzten Stück aufgegessen, bevor sie kalt werden kann.

In vielen Regionen Armeniens haben sich eigene Traditionen zur Zubereitung der Gata gebildet.

## *Arzacher Gata*

### Արցախի գաթա

***Für den Vorteig:***
*200 ml Milch*
*20 g frische Hefe*
*1 Esslöffel Zucker*
*1 Prise Salz*
*150 g Weizenmehl*

***Für den Teig:***
*100 g Butter*
*4 Kardamomkapseln*
*100 g Zucker*
*1 Päckchen Vanillezucker*
*3 Eier*
*350 g Weizenmehl*
*½ Teelöffel Salz*

***Für die Füllung „Choriz":***
*150 g geschmolzene Butter*
*150 g Puderzucker*
*1 Päckchen Vanillezucker*
*200 g Weizenmehl*

*1 Ei zum Bestreichen*

Zunächst den Vorteig zubereiten. In warmer Milch die Hefe zergehen lassen, alle weiteren Zutaten hinzufügen, zu einer gleichmäßigen Teigmasse verrühren, mit einem Küchentuch bedecken und an einem warmen Ort für ca. 45 Minuten ruhen lassen. Sobald der Vorteig aufgeht, in den Teig mischen.
Dafür in einer anderen Schüssel die Butter cremig rühren. Kardamom im Mörser bis zum pulverartigen Zustand zerkleinern. Zucker, Vanillezucker, Eier, Kardamompulver, Weizenmehl, Salz und Vorteig in die Schlüssel zur Buttercreme hinzufügen. Zutaten so lange rühren, bis eine gleichmäßige Teigmasse entsteht. Den Teig an einem warmen Ort, mit einem feuchten Küchentuch zugedeckt, ca. 45–60 Minuten ruhen lassen.

Für die Füllung die Butter cremig rühren und mit Zucker und Vanillezucker verrühren. Nach und nach Mehl hinzufügen, bis eine streuselartige Masse entsteht.
Etwas Mehl auf einem Brett zerstreuen und den aufgegangenen Teig in 3–4 große Stücke aufteilen und zu Kugeln formen.
Die Kugeln zu gleichmäßigen, ca. 1 cm dicken Kreisen aufrollen. Mit einem Pinsel geschmolzene Butter auf der Oberfläche verteilen und die Füllung in die Mitte legen. Die Enden des Kreises in der Mitte zusammenführen und gut zusammendrücken, damit die Füllung nicht herausfallen kann. Die Kugel umdrehen und aufrollen. Die Gatas auf einem Backblech ca. 15 Minuten ruhen lassen. Den Teig mit einem verquirlten Ei bestreichen und mit einer Gabel an einigen Stellen durchstechen.
In einem vorgeheizten Backofen bei 180–190 °C ca. 25–30 Minuten backen.

## *Jerewaner Gata mit Blätterteig*

### Երևանյան գաթա

*2 Packungen Blätterteig (TK)*

***Für die Füllung „Choriz":***
*s. Rezept „Arzacher Gata"*

*1 Ei zum Bestreichen*

Blätterteig auf einem Backblech ausrollen, darauf die Füllung legen und zusammenrollen. Die Enden zusammendrücken und die Rolle in gleich große Rauten oder in dreieckige Teile schneiden. Den Teig mit einem verquirlten Ei bestreichen. Im vorgeheizten Backofen bei 190 °C ca. 20–25 Minuten backen, bis die Gata einen schönen goldbraunen Ton bekommt.
Die Gata kann mit Puderzucker bestreut werden.

# *Pachlava*

## Փախլավա

*Pachlava wird in allen Regionen Armeniens und zu allen festlichen Anlässen gebacken.*
*Die Zubereitung der armenischen Pachlava mit ihren mehreren dünnen Schichten Blätterteig, gefüllt mit Walnüssen, ist recht aufwändig.*

*Folgendes Rezept ist im Vergleich zum Original viel einfacher, aber nicht weniger schmackhaft.*

*2 Packungen Blätterteig (TK)*
*50 g geschmolzene Butter*
*400 g Walnüsse*
*3–4 Esslöffel Zucker*
*½ Esslöffel Zimt*
*2 Päckchen Vanillezucker*
*1–2 Eier*
*500 g Honig*

Eine Packung Blätterteig auf einem Backblech verteilen und mit geschmolzener Butter bestreichen.
Die Walnüsse klein hacken und mit Zucker, Zimt und Vanillezucker vermischen. Die Nussmischung gleichmäßig auf dem Blätterteig verteilen. Die zweite Packung Blätterteig auf die Nussmischung legen und das Ganze in kleine Rauten schneiden. Den Blätterteig mit einem verquirlten Ei bestreichen und im vorgeheizten Backofen bei 180 °C ca. 35–40 Minuten backen.
Die gebackene Pachlava aus dem Backofen nehmen und heißen Honig darüber gießen, abkühlen lassen und servieren.

# Scharoc oder süßer Schudschuch

## Շարոց – քաղցր շուշուխ

*800 g Walnüsse (ohne Schale mit Haut)*
*700 ml Weintraubensirup (Doschab)*
*250 g Weizenmehl*
*2 g Gewürzmischung aus Zimt, Kardamom und Gewürznelken*

Geschälte Walnüsse in der Mitte halbieren und mit einer Nadel auf eine ca. 60–80 cm lange, feste Schnur reihen. Für 2–3 Tage aufhängen und trocknen lassen.

Aus Sirup, Mehl und Gewürzen den Schpot wie auf S. 181 beschrieben kochen.

Die Seile mit den Walnüssen in den heißen Schpot eintauchen und danach wieder aufhängen. Unter die Seile Schälchen stellen, um die Tropfen abzufangen. Nach 30 Minuten die Seile nochmals in den warmen Schpot eintauchen und schließlich an einem schattigen Ort für 4 –5 Tage aufhängen. Zum Aufbewahren die Scharoc in ca. 20 cm große Stücke schneiden, in Alufolie verpacken und in den Kühlschrank legen.

Der Scharoc wird vor dem Servieren in ca. 3–4 cm große Stücke geschnitten.

## *Schpot (Pudding aus Weintraubensirup)*

Շփոթ ընկույզով

*700 ml Weintraubensirup (Doschab)*
*250 g Weizenmehl*
*2 g Gewürzmischung aus Zimt, Kardamom und Gewürznelken*
*150 g Walnüsse*

Weintraubensirup und 500 ml Wasser in einem Topf vermischen. Mehl mit etwa 200 ml Wasser verrühren, in den Topf geben und die Masse zum Kochen bringen.

Gewürze in einen Teesieblöffel geben und in die Masse legen. Unter ständigem Rühren ca. 15 Minuten köcheln lassen, bis die Masse verdickt und eine puddingartige Konsistenz erhält.

Schpot in Dessertteller oder -schalen füllen und mit gehackten Walnüssen bestreuen.

Der Pudding kann warm oder kalt serviert werden.

*Diese puddingartige Nachspeise lieben alle. Meistens wird im Herbst aus dem Schpot Scharoc (S. 180) zubereitet, der ziemlich lange aufbewahrt werden kann.*

## *Obstkuchen – Chndzorov (mrgov) tchvacq*

### Խնձորով (մրգով) թխվածք

***Für den Teig:***
*4 Eigelbe*
*100 g Butter*
*200 g Zucker*
*250 g Schmand*
*300 g Mehl*
*1 Päckchen Backpulver*
*1 Päckchen Vanillezucker*
*geriebene Schale einer halben Zitrone*
*3 Äpfel*
*1 Birne*
*Zimt nach Belieben*

***Für das Baiser:***
*4 Eiweiß*
*150 g Zucker*
*1 Päckchen Vanillezucker*

Eier trennen. Für den Teig Eigelb mit Butter, Zucker und Schmand mit einem Mixer zu einer einheitlichen Masse verrühren. Backpulver, Mehl und die geriebene Zitronenschale hinzugeben und unterrühren.

Die Äpfel und Birne schälen, in dünne Scheiben schneiden und mit etwas Zitronensaft, 1 Teelöffel Zucker und Zimt nach Belieben vermischen.
Den Teig in die Backform geben, die Obstscheiben darauf platzieren und leicht in den Teig drücken.
Im vorgeheizten Backofen ca. 30–35 Minuten bei 180 °C backen.
In der Zwischenzeit das Eiweiß zu einem festen Schaum schlagen und Zucker und Vanillezucker hinzugeben. Den Teig aus dem Backofen nehmen, den Eiweißschaum darauf verteilen und weitere 20 Minuten backen.

## *Mandelplätzchen – Nschablit*

### Նշաբլիթ

*4 Eiweiß*
*300 g Zucker*
*200 g gemahlene Mandeln*
*3 Esslöffel Weizenmehl*

In einem Topf das Eiweiß schaumig schlagen, Zucker hinzufügen, verrühren. Nach und nach gemahlene Mandeln hinzufügen. Die Masse auf der Herdplatte bis 40 °C erhitzen.
Die Masse abkühlen lassen, Mehl hinzufügen und zu einem gleichmäßigen Teig verrühren. Mit einem Dessertlöffel Teighäufchen in einem Abstand von 3–4 cm auf das Backpapier setzen und bei 180 °C ca. 30 Minuten im vorgeheizten Backofen backen.

## Gyumri-Plätzchen

### Գյումրիի բլիթ (շաքար-լոխում)

*200 g geschmolzene Butter*
*200 g Puderzucker*
*2 Eigelb*
*350 g Weizenmehl*
*2 Päckchen Vanillezucker*
*½ Päckchen Backpulver*

Butter cremig rühren und gründlich mit Puderzucker verrühren. Eigelb, Mehl, Vanillezucker und Backpulver hinzufügen und verrühren. Aus dem Teig walnussgroße Kugeln formen. Die Kugeln auf dem Backpapier flachdrücken. Im vorgeheizten Backofen bei 180 °C ca. 20 Minuten backen.

## Zitronentorte – Limoni tort

### Կիտրոնի խմորեղեն (Լիմոնի տորթ)

***Für den Teig:***
*200 g Butter*
*4 Eigelbe*
*200 g Zucker*
*200 g Schmand*
*1 Päckchen Vanillezucker*
*1 Päckchen Backpulver*
*300 g Mehl*

***Für die Creme:***
*4 Eiweiß*
*200 g Zucker*
*1 Zitrone*
*1 Päckchen Vanillezucker*
*rote Johannisbeeren,*
*Kirschen, Erdbeeren*

Für den Teig die weich gewordene Butter mit dem Mixer gut verrühren. Das Eigelb vom Eiweiß trennen und mit Zucker, Schmand, Vanillezucker und Backpulver zur Butter hinzugeben. Gut verrühren und Mehl hinzufügen. So lange verrühren, bis eine einheitliche Masse entsteht.
Die Schale der Zitrone und ein Teil der Zitrone klein reiben. Die Hälfte davon in den Teig geben.
Die Teigmasse in zwei Teile teilen und jede Schicht in einer gefetteten Springform (26 cm Ø) jeweils 15 Minuten bei 180 °C im vorgeheizten Backofen backen.

Für die Creme das Eiweiß zu einer festen Masse schlagen und nach und nach Zucker, Vanillezucker und die verbliebene geriebene Zitrone hinzugeben.
Die Schichten mit der Creme bedecken und die Torte mit den Früchten dekorieren.

# Land der Sonne, Berge und Früchte

*Obstgarten in Aschtarak*

*Armenien ist ein Land der Sonne, Berge und natürlich auch wohlschmeckender Früchte.*

Das armenische Hochland ist Ursprungsort von kultivierten Pflanzen und Heimat vieler Früchte, wie Trauben, Birnen, Aprikosen, Kirschen, Granatäpfel, Quitten, Feigen und Kornelkirschen. Eine besondere Bedeutung kommt auch der Van-Region zu, da diese die Heimat der berühmten Cantaloupe-Melone ist. Archäologische Ausgrabungen und Befunde liefern den Beweis dafür, dass die Armenier bereits vor mehr als 6000 Jahren Gärten angelegt und Obst und Gemüse angebaut haben. Um das gärtnerische Wissen an die nachfolgenden Generationen weiterzugeben, haben die armenischen Kaiser ihre Erfahrungen in Stein meißeln lassen: den Bau von Kanälen für die Bewässerung beispielsweise, oder den Anbau von Weinbergen und Obstgärten.

Eine der schönsten Jahreszeiten ist der Frühling, wenn ganz Armenien in weiß-rosa Farben erblüht. Das ist die Zeit, in der die Obstbäume endlich wieder aus ihrem Winterschlaf erwachen und das ganze Gebiet um sie herum in wunderbar süßen Duft hüllen.

Früchte haben im Leben eines jeden Armeniers eine besondere Bedeutung. Die wohlschmeckenden, saftigen und mit der Sonne und dem Aroma des Ararater Hochlands erfüllten Früchte sind sowohl von den alltäglichen als auch festlichen Tischen nicht wegzudenken.

Nicht nur in frischem Zustand sind sie ein Genuss. Aus ihnen werden auch Säfte, Marmeladen, Trockenfrüchte, Weine, Liköre und sogar Schnaps hergestellt. Außerdem haben Früchte in Armenien schon längst nicht nur einen Platz auf dem Desserttisch eingenommen. Denn sie sind auch ein gleichberechtigter Bestandteil verschiedenster Gerichte und machen diese mit ihrem Aroma und Geschmack zu etwas ganz Besonderem.

In vielen Dörfern werden Früchte im Winter in Weinkellern („Maran") gelagert. Auf Fäden gereihte Wintersorten von Weintrauben, Birnen, Äpfeln, Quitten und anderem Obst hängen so über den Weinfässern („Karasen") und verbreiten ihr tolles Aroma.

Eine Augenweide sind vor allem die armenischen Märkte. Obst und Gemüse, malerisch auf den Marktständen platziert, ziehen die Aufmerksamkeit eines jeden auf sich und verführen zum Genuss. Einen besonderen Platz nehmen auf den Märkten die Trockenfrüchte ein, die nicht nur aus Obstsorten, sondern auch aus verschiedenen Gemüsesorten hergestellt werden. In den armenischen Märkten gibt es viele besondere und seltene Leckereien, beispielsweise „Scharoc", der bei jedem Genießer Anklang findet. Auch eine Sünde wert ist „Alani" – das sind getrocknete Pfirsiche, gefüllt mit Nüssen und weiteren Zutaten.

### *Die Farbe des Granatapfels*

Wie jedes andere Land hat auch Armenien besondere Symbole. Als erstes ist der jedem Armenier heilige Berg Ararat zu nennen. Nicht minder wichtig sind aber auch der Chatschqar, armenischer Brandy, Duduk, der Tuffstein, der Jerewan in einem wunderschönen Rosa erstrahlen lässt, und ebenso Aprikosen und Granatäpfel.

*Armenischer Granatapfelwein*

Unabhängig von der Jahreszeit, in der man zu Gast in Armenien ist, ist der Granatapfel allgegenwärtig. Dass er überall zu finden ist, ist auch wortwörtlich zu verstehen – in seiner frischen und saftigen Form in den Läden und Märkten oder als Souvenir aus den unterschiedlichsten Materialen gefertigt, in seiner ganzen wunderschönen Pracht oder geteilt. Diese als Souvenir gedachten Schmuckstücke mit ihren blutroten Kernen können sowohl in Souvenirläden oder aber auch auf dem Jerewaner Markt erworben werden.

Der Granatapfel ist seit Jahrtausenden ein Symbol für Fruchtbarkeit und Reichtum. Die Farbe des Granatapfels erinnert an Blut und Lebenskraft. Die Frucht reift im Herbst, bleibt jedoch sehr lange frisch und saftig. Sie schmückt alle festlich gedeckten Tische, unter anderem auch den Neujahrstisch. Der Granatapfel ist jedoch nicht nur pur ein Genuss. Er macht auch Salate und Snacks zu etwas Besonderem. Aber auch Fleisch- und Fischgerichte werden mit den Kernen des Granatapfels zu einer Augenweide. Weiterhin stellt man aus dem Granatapfel wohlschmeckende Soßen und herrlich süßen Saft her. Nicht zu vergessen ist jedoch der Wein, der herbe und wohlschmeckende Granatapfelwein, der oft in Flaschen in Granatapfelform gefüllt wird und seine intensive blutrote Farbe oft erst im Weinglas enthüllt.

„Die Farbe des Granatapfels" – so heißt der Film des berühmten armenischen Regisseurs Sergey Paradjanov. Eine poetische Sage über den armenischen Poeten Sayat-Nova, der im Jahre 1986 in den „Armenfilm"-Kinostudios gedreht wurde. Der Granatapfel kommt auch im prämierten Film „Ararat" vor und symbolisiert die auf der ganzen Welt lebenden Armenier. Für Buch und Regie des Films war der armenisch-kanadische Regisseur Atom Egoyan verantwortlich.

Schauspielerische Bestleistung bewiesen in diesem Film auch international bekannte Sänger und Schauspieler wie Charles Aznavour, Christopher Plummer und David Alpay.

### *Wenn die Aprikose singt*

„Tsiran" – so der armenische Name der Aprikose – ist die sonnige Frucht Armeniens und auch eine der wunderbarsten, beliebtesten und wohlschmeckendsten Früchte der Welt.
In Armenien wird diese Frucht bereits seit Jahrtausenden angepflanzt. Ein Beweis dafür sind die Aprikosenkerne aus der Epoche Eneolita (3.–4. Jahrtausend v. Chr.), die von Archäologen während Ausgrabungen in der Nähe des heidnischen Tempels Garni entdeckt wurden.
Im 4. Jahrhundert v. Chr. nahm Alexander von Mazedonien 3000 Sämlinge von Aprikosenbäumen aus Armenien mit nach Griechenland. Von dort aus gelangten auch einige dieser Sämlinge nach Rom. Dies wird in den Werken des altrömischen Wissenschaftlers und Schriftstellers Plinius der Ältere erwähnt. Als Resultat bekam die Aprikose den Namen „armenischer Apfel". Die armenische Herkunft der Frucht wurde auch in der Wissenschaft verewigt: In der Botanik spricht man nicht etwa von der Aprikose, sondern von der „Armeniaca Prunus" – ein Name, der auf der ganzen Welt bekannt ist, nicht nur bei den Botanikern.
König Tigran II. der Große, der im 1. Jahrhundert v. Chr. herrschte und dessen Herrschaftsgebiet sich vom Kaspischen Meer bis zum Mittelmeer und Schwarzmeer erstreckte, ließ das ganze Gebiet mit Aprikosen bepflanzen. Seine Untertanen nannten die Aprikose zu Ehren ihres Herrschers Tigran „Tsiran". Der Name für diese königliche Frucht blieb bis heute.

*Der Baum sagt zur Axt: „Du könntest mich nicht fällen, hätte ich dir nicht den Stiel gegeben."*

(armenisches Sprichwort)

Im Altertum hieß eine Schattierung der roten Farbe „armenisches Purpur" oder „tsirani". Diese Farbe galt als Privileg des armenischen königlichen Hauses. „Tsirani" hieß auch die festliche kaiserliche Kleidung. Der armenische König Trdat I. war sogar während seiner Krönung durch den römischen Kaiser Nero in ein purpurfarbenes Gewand gekleidet.

Die wahre armenische Aprikose hat eine wunderschöne goldene Farbe. Sie ist gleichzeitig süß und saftig. Die Aprikose ist sowohl auf dem Frühstückstisch, beispielsweise auf Pfannkuchen, anzutreffen als auch auf dem gedeckten Mittags- und Abendtisch, wenn das Fleisch mit Zugabe von Aprikosen gegart oder als Dessert in Kuchen gereicht wird. Aber den schönsten Genuss bietet immer noch die frische Aprikose, die den ganzen Raum mit ihrem süßen Geruch füllt.

Während der Saison, wenn sich jeder Haushalt Aprikosenvorräte anlegt, sind der Phantasie der Armenier keine Grenzen gesetzt: Marmeladen wie aus Gold, Konfitüren mit den Kernen der Frucht, kandierte Früchte, Kompotte und vieles mehr werden aus der süßen Frucht zubereitet.

Die Frucht der Sonne spielt jedoch nicht nur in den armenischen Küchen eine Hauptrolle. Anfang bis Mitte Juli, wenn die Aprikosensaison an ihren Höhenpunkt gelangt ist, beginnt in Armenien das internationale Filmfestival „Goldene Aprikose", an dem Filme aus über 85 Ländern teilnehmen. Jedes Festival beginnt mit der bereits zur Tradition gewordenen Segnung des Symbols Armeniens – der Aprikose. Während des Festivals werden jedoch nicht nur weltberühmte Regisseure und ihre Werke geehrt, sondern auch die Arbeiten junger und unbekannter Regisseure beachtet. Speziell für sie wurde die Nominierung „Koris" – übersetzt „der Kern" – erfunden, für die 25 Kurzfilme aus aller Welt gezeigt und geehrt werden.

*Das traditionelle armenische Musikinstrument Duduk*

Die Aprikose ist eine wunderbare Frucht. Ihr werden viele magische Kräfte nachgesagt. So soll sie sowohl in der Liebe als auch in der Freundschaft gute Taten vollbringen. Die blühende Aprikose symbolisiert die erste zarte und reine Liebe, während der Aprikosenbaum für einen starken Geist und die ewige Liebe steht. Nicht ohne Grund wird deshalb das weltweit bekannte und geliebte armenische Musikinstrument – Duduk – aus dem Holz des Aprikosenbaumes hergestellt.

Djivan Gasparjan ist einer der berühmtesten armenischen Musikanten, eine lebende Legende der internationalen Musikwelt und ein Virtuose des Duduks. Viele sagen, dass nichts in der Lage ist, die Gefühle des armenischen Volkes so wiederzugeben wie der Duduk. In den Händen eines wahren Meisters, zeichnet der Duduk die Landschaften Armeniens nach und erzählt die Geschichten des armenischen Volkes.

Im Jahre 2005 wurde die armenische Dudukmusik als Meisterstück des weltweiten nichtmateriellen Kulturerbes der UNESCO gekürt. Heute kann man in vielen internationalen Filmen der Dudukmusik lauschen. Er ist zu einem beliebten Instrument für Filmmusik in Hollywood geworden. Der erste Film, in dem Dudukmusik eingesetzt wurde, war „Die letzte Versuchung Christi“. Auch im Film „Der Gladiator“ und vielen weiteren Filmen und Serien kam der Duduk zu seinem Einsatz.

Musik kennt keine Grenzen, und so ertönt der „Klang der Aprikose“ auf der ganzen Welt.

# Marmelade, Eingemachtes und Mariniertes

Alexandre Dumas, der Autor des berühmten Romans „Die drei Musketiere“, war nicht nur ein herausragender französischer Schriftsteller, Historiker und Dramatiker, sondern auch ein Kenner der kulinarischen Kunst und ein toller Koch. In seinem faszinierendem Buch „Großes kulinarisches Wörterbuch“, in dem über 800 Novellen zu kulinarischen Themen zu finden sind, hat er auch fünf Rezepte armenischer Marmeladesorten, nämlich Rosenblüten-, Kürbis-, Rettich-, Walnuss- und Spargelmarmelade, festgehalten. Von diesen Marmeladesorten und ihren Rezepten hat er erfahren, als er während seiner einjährigen Russlandreise im Jahr 1858 eine armenische Familie besuchte. So beschreibt er seinen Besuch in seinem Buch „Reise durch Russland“:

*„Die erste Familie, der wir vorgestellt wurden beziehungsweise die uns vorgestellt wurde, war armenisch: Sie bestand aus Vater, Mutter, Sohn und drei Töchtern. Diese wunderbaren Menschen haben keine Kosten und Mühen gescheut, um uns würdig zu empfangen. Wir fanden den Sohn neben der Feuerstelle bei der Zubereitung von Schaschlik – wir erklären Ihnen gleich, was Schaschlik ist –, während die Mutter und die drei Töchter den Tisch deckten und auf diesen die verschiedensten Sorten von Marmelade und drei oder vier Sorten von Trauben stellten.*

*Was die Marmelade betrifft, so bin ich mir nicht sicher, ob es auf der Welt jemanden gibt, der sie besser*

*zubereitet als die Armenier. Ich habe fünf Sorten probiert: Rosenblüten-, Kürbis-, Rettich-, Walnuss- und Spargelmarmelade. Ich hoffe, dass Sie nichts dagegen haben, wenn ich erzähle, wie diese Marmeladen zubereitet werden."*

Die besondere armenische Marmelade heißt auf Armenisch „Muraba". Mit der Marmelade sollen Früchte und Beeren haltbar gemacht werden. Seit jeher ist sie eine der beliebtesten Leckereien und wird insbesondere zu Tee, Kaffee und Eis gereicht. Dabei ist die Vielfalt der Marmeladesorten faszinierend. Verwendet werden die verschiedensten Früchte und Beeren, beispielsweise Aprikosen, Pfirsiche, Kirschen, Sauerkirschen, Johannisbeeren, schwarze Maulbeeren, Erdbeeren, Pflaumen, Feigen, Himbeeren, Birnen, Quitten, Kornelkirschen, Äpfel, Wassermelonen und Honigmelonen. Das ist natürlich nicht alles. Zu den wahren Delikatessen zählen die Marmeladen aus unreifen Walnüssen, Auberginen, Kürbissen, Tomaten und sogar Gurken, Rosenblüten, Aprikosenblättern und Akazie.

Die armenische Marmelade wird so zubereitet, dass die Früchte und das Gemüse ihre Form behalten und sich im Sirup frei verteilen. Früher wurde anstatt des Zuckers reduzierter Weintraubensaft (Doschab) oder Honig verwendet. Erst später wurde der Sirup aus Zucker hergestellt. Dieser Zuckersirup wird unmittelbar vor dem Kochen der Marmelade zubereitet. Der Zubereitungsprozess wird normalerweise in mehrere Etappen eingeteilt, damit die Form und Farbe der Früchte erhalten bleiben. In einer gut gekochten Marmelade befinden sich die Beeren, Früchte oder Gemüsestückchen nicht an der Oberfläche des Sirups, sondern verteilen sich gleichmäßig darin.

Beim Kochen entsteht auf dem Sirup ein Schaum, der regelmäßig entfernt werden muss. Die kochende Marmelade wird in sterile Gläser gefüllt, hermetisch verschlossen und auf den Kopf gestellt. Auf diese Art und Weise gekochte Marmelade wie auch Konfitüre kann über einen langen Zeitraum aufbewahrt werden.

## *Aprikosenmarmelade – Tzirani muraba*

Ծիրանի մուրաբա

*1 kg Aprikosen*
*1,3 kg Zucker*
*10 ml Zitronensaft*

Aprikosen waschen, Kerne entfernen und an einigen Stellen mit einem dünnen Holzspieß einstechen. 600 ml Wasser mit dem Zucker zu einem Zuckersirup kochen, die vorbereiteten Aprikosen in den Topf geben und 1 Minute kochen. Vom Herd nehmen und einen Tag ziehen lassen.

Bevor die Kerne verwendet werden, sollten einige auf ihre Bitterkeitsstufe geprüft werden. Falls sie zu bitter sind, sollten diese nicht verwendet werden. Die Aprikosenkerne können durch Mandeln ersetzt oder ganz weggelassen werden. Falls die Aprikosenkerne aber einen angenehmen Geschmack haben, die Schale der Aprikosenkerne und mit Hilfe von heißem Wasser auch die Haut entfernen. Die Aprikosenkerne zu den Aprikosen im Sirup geben und köcheln lassen, bis die Aprikosen glasig werden und sich gleichmäßig im Sirup verteilen. Die Aprikosen dabei nicht verkochen, so dass sie noch ihre Form behalten. Bevor der Topf vom Herd genommen wird, Zitronensaft dazugeben. Den entstandenen Schaum entfernen und die Aprikosen mit dem Sirup in verschließbare Gläser füllen.

***Kornelkirsche (Armenisch: Hon)***

*Die dunkelrote Kornelkirsche, deren Farbe einem Rubin ähnelt, reift im Spätsommer und Herbst. Ihr süß-saurer Geschmack und das wunderbare Aroma lassen niemanden gleichgültig. In Armenien wird die Kornelkirsche seit jeher gepflanzt. Um sie das ganze Jahr über genießen zu können, werden aus ihr Marmeladen und Pastillen hergestellt, sie wird püriert und in Schichten getrocknet (Kornelkirschlavasch), sowie getrocknet zu Reis und Suppe gegeben. Besonders beliebt ist auch die Kornelkirschsoße, die zu Fleisch-, Wild- und sogar Fischgerichten gereicht wird.*

## Kornelkirschmarmelade – Honi muraba

### Հոնի մուրաբա

*1 kg Kornelkirschen*
*1,5 kg Zucker*

Zum Kochen der Marmelade werden große, reife, dunkelrote Früchte verwendet. Mit 600 ml Wasser und dem Zucker einen Zuckersirup bereiten, aufkochen und vom Herd nehmen; in den heißen Sirup die Früchte geben und 5–6 Stunden stehen lassen. Danach die Kornelkirschen in dem Sirup köcheln lassen, bis sie sich gleichmäßig darin verteilen.
Den entstandenen Schaum entfernen und die Marmelade in verschließbare Gläser füllen.

## Rosenblütenmarmelade – Vardi muraba

### Վարդի մուրաբա

*500 g Rosenblüten*
*1,5 kg Zucker*
*10 ml Zitronensäure*

Für diese Marmelade werden die roten und rosa Blütenblätter unbehandelter Teerosen verwendet. Die unteren (weißen) Teile der Blütenblätter mit einer Schere abschneiden und ausgetrocknete Blütenblätter entfernen. Die Blütenblätter in einem Sieb waschen. Danach in einen Topf legen, mit 2 Liter Wasser übergießen, erwärmen und etwa 5 Minuten lang kochen. Schließlich den Zucker hinzufügen und die Marmelade kochen, bis sich die Blütenblätter gleichmäßig im Sirup verteilt haben.
Um die natürliche Farbe der Rosenblütenblätter zu erhalten und Kristallisierung zu vermeiden, während des Kochens Zitronensäure hinzufügen.

## *Walnussmarmelade – Enkujzi muraba*

Ընկույզի մուրաբա

*100 unreife Walnüsse*
*250 g Kalk*
*2 kg Zucker*
*5 Gewürznelken*
*10 g Zimt*
*5 Kardamomkapseln*

Für die Zubereitung der Walnüsse bitte Handschuhe verwenden, denn die Nüsse färben stark. Die unreifen Walnüsse schälen, in 2 Liter kaltes Wasser legen und 3–4 Tage stehen lassen, dabei das Wasser 3–4-mal täglich wechseln, bis die Walnüsse dunkel werden und die Bitterstoffe verloren gehen. Danach das Wasser abgießen, die Walnüsse mit einer Gabel jeweils 2–3-mal einstechen und für einen Tag in Kalkwasser legen, dabei immer wieder durchmischen. Anschließend die Walnüsse gründlich mit kaltem Wasser waschen, in kochendes Wasser geben und ca. 13–15 Minuten kochen.

Das heiße Wasser abgießen und die Nüsse für eine Stunde in kaltes Wasser legen.

Den Zuckersirup mit 1–1,5 l Wasser (je nach Größe der Walnüsse) vorbereiten (siehe S. 196). Die Walnüsse in den heißen Sirup legen, Gewürznelken, Zimt und Kardamom (in einem Teesieblöffel bzw. Beutelchen) hinzufügen. Den Sirup einige Minuten kochen lassen. Den Topf vom Herd nehmen und einen Tag stehen lassen. Am nächsten Tag die Walnüsse langsam erhitzen und ca. 1,5 Stunden köcheln lassen. Anschließend die Gewürze aus dem Sirup entfernen. Die Walnüsse im Sirup in verschließbare Gläser füllen.

## *Kürbismarmelade – Ddumi muraba*

Դդումի մուրաբա

*1 kg Kürbis*
*200 g Kalk*
*1 kg Zucker*
*2 Päckchen Vanillezucker*

Die Schale des Kürbisses entfernen. Den Kürbis halbieren, die Kerne entfernen, in 2–3 cm große Stücke schneiden und für etwa eine halbe Stunde in 2 Liter Kalkwasser legen. Danach in einem Sieb gründlich waschen. Die Kürbisstücke in kochendes Wasser geben und 5 Minuten lang kochen. Das Wasser abgießen und die Kürbisstücke abkühlen lassen. Die Kürbisstücke in den mit dem Zucker und 400 ml Wasser zubereiteten Zuckersirup geben, 6 Stunden stehen lassen und danach 30–35 Minuten kochen. Anschließend den Kürbis vom Feuer nehmen und im Sirup etwa 2 Stunden stehen lassen. Den Kochprozess zweimal wiederholen, bis die Kürbisstücke glasig werden und sich gleichmäßig im Sirup verteilen. Vanillezucker hinzufügen. Die Kürbisstücke im Sirup in verschließbare Gläser füllen.

## *Quittenmarmelade – Serkefili muraba*

### Սերկեֆիլի մուրաբա

*1 kg Quitten*
*1,5 kg Zucker*

Quitten schälen, vierteln oder achteln, damit das Innere entfernt werden kann. Die geschnittenen Quitten im kochenden Wasser 3–4 Minuten kochen, bis alle Stückchen etwas weich sind. Nicht zu lange kochen! Das Wasser abgießen und die Quitten in einem Sieb abtropfen lassen.

Mit dem Zucker und 600 ml Wasser einen Zuckersirup zubereiten. Die Quitten in den kochenden Sirup geben und ca. 20–25 Minuten köcheln lassen. Den Topf vom Herd nehmen und 2–3 Stunden stehen lassen. Danach die Quitten erneut kochen. Die Früchte dürfen nicht zerfallen und müssen sich gleichmäßig im Sirup verteilen. Den Schaum, der während des Kochens entsteht, abschöpfen. Die Quitten im Sirup in verschließbare Gläser füllen.

## Mariniertes Obst – Marinacvac mirg

### Մարինացված միրգ

*30 g Salz*
*50 g Zucker*
*50 g Honig*
*5 Gewürznelken*
*5 Nelkenpfefferkörner*
*200 ml Apfelessig*
*1 kg verschiedene Obstsorten (Trauben, Äpfel, Pflaumen)*

400 ml Wasser mit Salz, Zucker, Honig, Gewürznelken und Nelkenpfefferkörnern zum Kochen bringen. Erst danach Essig hinzufügen.
Die Äpfel in schöne Spalten schneiden, mit dem anderen Obst in verschließbare Gläser legen und mit dem lauwarmen Wasser auffüllen. Gläser mit den Deckeln nur abdecken und an einem kühlen Ort 3–4 Tage ruhen lassen. Gläser erst danach richtig schließen und bis zum Verzehr im Kühlschrank aufbewahren.
In dieser Weise können auch Aprikosen, Birnen und andere Obstsorten mariniert werden.
Mariniertes Obst passt sehr gut zu Fleisch- und Geflügelgerichten.

## *Eingemachte Gurken mit Gemüse – Ttu warung bandjarechenov*

### Թթու վարունգ բանջարեղենով

*500 g kleine Gurken (Cornichons)*
*250 g Selleriestangen*
*200 g Blumenkohl*
*2 Möhren*
*5–6 grüne Bohnen*
*8–10 kleine feste Tomaten*
*4 kleine Paprikaschoten*

***Für die Marinade:***
*60 g Salz*
*10–12 Knoblauchzehen*
*10–12 schwarze Pfefferkörner*
*2–3 Dillzweige*
*5–6 Kirsch- und Eichenblätter*

Für die Marinade 1 Liter Salzwasser zum Kochen bringen, 1 Selleriestange, 2–3 geschälte Knoblauchzehen und 3–4 schwarze Pfefferkörner hinzufügen.
Das Gemüse gründlich waschen. Blumenkohl in kleine Röschen teilen, Möhren schälen und, falls vorhanden, mit einem Messer mit Wellenmuster in gleichgroße Stücke schneiden. Grüne Bohnen ganz lassen. Restliche Selleriestangen in ca. 5 cm große Stücke schneiden, Knoblauchzehen schälen.

Ein Teil des Gemüses und der Gewürze und Kräuter (Dill, Selleriestangen, Pfefferkörner, Kirsch- und Eichenblätter) in verschließbare Gläser legen. Darauf das vorbereitete Gemüse – Paprika, Tomaten, Bohnen, Möhren, Blumenkohl – legen. Gurken, falls möglich, senkrecht in die Gläser stellen. In die Zwischenräume die restlichen Gewürze (Salz, Knoblauch) geben. Gläser mit der lauwarmen Marinade auffüllen, bis sich alles in 2–3 cm tief in der Marinade befindet.
Gläser mit den Deckeln bedecken und für 3–4 Tage bei Zimmertemperatur ruhen lassen. Gläser erst dann verschließen und bis zum Verzehr im Kühlschrank oder an einem kühlen Ort aufbewahren.

## *Marinierte Pilze – Marinazwaz sunk*

### Մարինացված սունկ

*1 kg gemischte Pilze*
*1 Teelöffel Salz*

***Für die Marinade:***
*1 Esslöffel Salz*
*1 Teelöffel Zucker*
*2–3 Lorbeerblätter*
*2 Knoblauchzehen*
*1 Dillzweig*
*5 schwarze Pfefferkörner*
*5 Nelkenpfefferkörner*
*2 Gewürznelken*
*200 ml 5%iger Essig*

Pilze säubern, bei Butterpilzen die Haut entfernen. Pilze waschen, größere Pilze in kleinere Stücke schneiden und in 500 ml Salzwasser ca. 10–15 Minuten kochen, bis sie sich auf dem Topfboden befinden. Pilze in einem Sieb abtropfen lassen. Die entstandene Pilzbrühe kann für Suppen verwendet werden. In einem neuen Topf 800 ml Wasser mit den Gewürzen, aber ohne Essig zum Kochen bringen. Nach Bedarf eine Chilischote hinzufügen.
Pilze in die Marinade geben und ca. 10–15 kochen. Essig hinzufügen und noch ca. 2–3 Minuten köcheln lassen. Pilze vorsichtig in verschließbare Gläser legen, die heiße Marinade hineingießen und die Gläser schließen. Die kalt gewordenen Gläser im Kühlschrank aufbewahren.
Marinierte Pilze können als Vorspeise oder zu Fleisch serviert werden.

# Djermuk und die heilende Kraft des Wassers

*Wasserfall in Djermuk*

*Djermuk, Arzni, Bjni, Sevan, Dilidjan, Hankavan sind nicht nur Namen bekannter Kurorte Armeniens, sondern auch Namen ebenso bekannter Mineralwässer, die auf keinem armenischen Tisch fehlen dürfen – unabhängig davon, ob es ein einfaches Abendessen oder ein Festmahl ist.*

Armenien ist reich an Mineralquellen – es gibt circa 1300 Quellen. Einige davon sind fast überall auf der Welt bekannt. Viele von ihnen wurden schon vor Jahrhunderten für ihre heilende Wirkung geschätzt. Die Kurorte Armeniens befinden sich inmitten traumhafter Landschaften. So können Gäste nicht nur das heilende Mineralwasser genießen, sondern auch die frische Bergluft, die wunderschöne Natur, Seen und Berglandschaften. Auf diese Weise werden sowohl Körper als auch Seele verwöhnt, denn hier kann man wenigstens für ein paar Tage Alltag, Sorgen und Probleme vergessen.

Die Mineralwässer unterscheiden sich natürlich in ihrer Zusammensetzung und sind aus diesem Grund für unterschiedliche gesundheitliche Probleme anwendbar.

Eines der weltweit berühmtesten und sicherlich auch beliebtesten Mineralwasser ist Djermuk. Bereits der Weg von Jerewan zu den Djermuker Quellen ist eine Reise wert. Djermuk ist etwa 170 Kilometer von Jerewan entfernt. Die Fahrt führt durch eine wunderschöne Landschaft.

*Mineralbrunnen im Kurort Djermuk*

*Baden im Fluss Arpa*

Zunächst bietet das Ararat-Tal ein unbeschreiblich schönes und fast idyllisches Bild – der Berg Ararat, umgeben von Weinbergen und Gärten, die in der Sonne wie Smaragde glänzen. Kurz darauf beginnt Vajoc Dzor, das Vajocer Hochland – eine Berglandschaft, die dem Reisenden nach jeder Straßenbiegung eine neue und wunderschöne Aussicht bietet und ein Gefühl der Unendlichkeit schafft.

Klöster und Kirchen, die vor über tausend Jahren erbaut wurden, beispielsweise Gndevank und Norawank, glänzen in der Sonne wie Edelsteine. Kurz vor Djermuk ändert sich die Landschaft plötzlich und ein smaragdgrünes Paradies erfreut das Auge der Reisenden.

Djermuk ist einer der wunderbaren Orte Armeniens, der seinen Gästen ein Gefühl von Glück, Zufriedenheit und Ruhe gibt. Dieser Ort eignet sich bestens zum Kräftesammeln. Umgeben von einer einzigartigen Landschaft, von Blumen und Bäumen, bietet der Kurort die besten Voraussetzungen für einen erholsamen und entspannenden Aufenthalt.

Djermuk befindet sich auf etwa 2000 Meter Höhe und ist umgeben von einer Berglandschaft ähnlich den Alpen. In der Schlucht, die die Stadt in zwei Teile teilt, fließt der Fluss Arpa.

Der Name Djermuk leitet sich aus dem armenischen Wort „Djerm" – also „warm" – ab. Den Dampf der heißen Quellen sieht man immer emporsteigen. Die Temperatur des Wassers beträgt 56 bis 64 Grad Celsius. In Djermuk findet man über 40 derartige Quellen. Aber nicht nur diese führen viele Menschen nach Djermuk. Ein beeindruckender Wasserfall und ein Höhlenkomplex gehören auch zu den Sehenswürdigkeiten dieser Region.

*oben: Kloster Norawank*

*unten: Straße im Kurort Dilidjan*

Die Stadt Djermuk existiert bereits seit Jahrtausenden. Dies bezeugen die bis heute erhaltenen Wände einer alten Festung. Diese wurde 189 v. Chr. erbaut und ist eine Vorführung der damaligen architektonischen Traditionen.

Im Mittelalter galt Djermuk als der offizielle Kur- und Erholungsort der Fürsten Sjuniks und des fürstlichen Hauses der Orbeljans. Dies bezeugt der große architektonische Komplex Gndevank, der in der Nähe von Djermuk 936 n. Chr. von der Sjuniker Fürstin Sofi erbaut wurde.

Wie bereits erwähnt waren die Quellen Djermuks bereits lange davor für ihre heilende Wirkung bekannt. Doch erst vor etwa hundert Jahren haben Wissenschaftler begonnen, sich intensiv mit den Bestandteilen und der Wirkung des Wassers zu beschäftigen. Sie konnten bestätigen, was Menschen seit Jahrhunderten wussten, nämlich dass das Quellenwasser eine heilende Wirkung hat. Der wissenschaftliche Beleg führte zu einem richtigen Boom und die Stadt Djermuk wurde zu einem Zentrum für Gesundheit und Erholung.

Heute bietet die Stadt Djermuk nicht nur etwas für die Gesundheit sondern auch für die Seele. Schöne, zum Spazieren einladende Straßen, gemütliche Cafés und grüne Parkanlagen lassen keinen Wunsch offen. Insbesondere im Sommer finden in Djermuk viele Veranstaltungen statt. 2009 wurde dort z. B. die fünfte Serie der Schachturniere des Grand Prix Fide ausgetragen – zu Ehren des ehemaligen Schachweltmeisters Tigran Petrosyan.

Im Jahr 1951 nahm die Djermuk-Mineralwasser-Fabrik ihre Arbeit auf. Diese ist heute mit den modernsten Geräten ausgestattet und der offizielle Zulieferer des Kremls in Moskau. Das Mineralwasser wird nämlich, wie bereits erwähnt, nicht nur in Armenien für seinen wohltuenden Geschmack und heilende Wirkung geschätzt, sondern in vielen anderen Ländern der Welt. So ist es nicht verwunderlich, dass Djermuk bereits mit vielen Preisen ausgezeichnet wurde, wie beispielsweise 2003 in Frankfurt mit dem „Arch of Europe for Excellence and Quality Award“.

# Armenischer Wein, Brandy und Likör

*Trauben des Ararat-Tals*

*Ein altes armenisches Sprichwort besagt: Um die Seele des armenischen Volkes zu ergründen und seinen Charakter zu verstehen, muss man den Wein kosten, der der armenischen Erde entsprungen ist. Armenischer Wein, das ist der Geschmack der Sonne mit einer leicht herben Bitterkeit, die feurig und samtweich zugleich ist.*

Die Geschichte des armenischen Weines ist so alt wie das Alte Testament: Als Noah nach der Sintflut mit seiner Arche am Fuße des Ararat, des heiligen armenischen Berges, strandete, verließ er das Schiff und pflanzte den ersten Rebstock der neuen Welt. Schon Noah selbst bereitete aus der ersten Lese einen so betörenden Wein, dass er nicht widerstehen konnte, davon trank und trunken wurde.

So wurde die armenische Erde zum Mutterland des Weinanbaus und zur Wiege der Zivilisation, erlebte Blüte und Zerfall von Großreichen. Das Land umfasst heute nur noch einen Bruchteil seiner einstigen Größe, aber dennoch gedeihen immer noch mehr als 600 verschiedene Rebsorten in Armenien. Man kann mit Recht sagen, dass der Wein an den Berghängen Armeniens entstanden ist. Dies wird auch durch zahlreiche archäologische Funde bestätigt. Gefunden wurden alte Weinkrüge aus Ton, Werkzeuge, die zum Weinanbau und Keltern dienten, und

*oben: Riesige Weinamphore (ca. 2000 Jahre alt) im Museum Erebuni*

Silberbecher mit Weinmotiven, die die kulturelle Bedeutung des Weines schon zur damaligen Zeit belegen. Des Weiteren wurden Traubenkerne gefunden, die mehrere Jahrtausende alt sind. Diese Traubenkerne aus alten Weinkrügen zeigen, dass die vielen Sorten, die wir heute kennen, schon damals angebaut wurden. Dazu gehören Ms'hali, Voskehat (Goldfrucht), Areni, Garan Dmak (Lammschwanz), Kahet, Karmrayut, Asateni, Tokun, Me'hrabuir, Adisi und Anait und viele andere, die den Gaumen der Weinkenner seit mehreren tausend Jahren erfreuen.

Die weltweit älteste bekannte Kelteranlage wurde 2007 in den Höhlen um den Ort Areni gefunden. Areni ist auch der Name einer alten armenischen Rebe. Die Anlage ist über 6000 Jahre alt. In den Höhlen um Areni wurden nicht nur Weinkrüge und Amphoren gefunden, sondern auch eine Weinpresse, Gärgefäße und Schalen, in denen der Trester, also Traubenschalen und Kerne, getrocknet wurden. Bereits um 900 v. Chr. war armenischer Wein ein wichtiges Exportgut und galt als begehrte Beute bei Kriegszügen.

Um das 10. Jahrhundert v. Chr. entstand ein mächtiges armenisches Reich. In einigen Keilschriften wird es als das Ararat-Reich bezeichnet, in anderen als Nairi-Urartu oder als Königreich von Van. Der Weinbau in diesem Gebiet war nach dem Anbau von Feldfrüchten der wichtigste Wirtschaftszweig. Die riesigen Dimensionen im Weinbau zur damaligen Zeit zeigen die Funde von Karmir Blur. In sieben Weinkellern wurden insgesamt 480 Weinamphoren mit jeweils 800 bis 1200 Liter Fassungsvermögen gefunden. In zwei Jahrhunderten, beginnend ab dem 7. Jahrhundert v. Chr., erblühte das Reich zu einem riesigen Weingarten. Das grüne Band der Weinreben begann am Van-See in Anatolien, breitete sich in der ganzen Ararat-Ebene aus und reichte weiter bis zum See von Urmia.

Um die Herrlichkeit des Weins zu zelebrieren und zu ehren, wurden im Tempel des Hauptgottes Ara dreimal jährlich Gaben dargereicht: wenn die Reben anfingen zu blühen, wenn die Weintrauben reif und schwer wurden und schließlich nach der Ernte. Dieser Brauch ist bis heute erhalten geblieben. Insbesondere die Zeit der letzten Opfergabe wird als Tag der Segnung

Haus eines Winzers im Dorf Areni

Weingut „Areni“

der Weintraube und somit auch der neuen Ernte gefeiert.
Die Segnung findet Mitte August statt und wird zu einem nationalen Sommerfest. Dann sind überall die Märkte gefüllt mit Weintrauben und anderen Früchten.

Jeder Stein in Armenien erzählt eine Geschichte. Die sonnigen Höfe neben den Weinkellern zeugen davon, wie sich die Armenier behutsam um ihren Wein kümmerten, um die wunderbare Qualität zu erhalten und seine Herrlichkeit auch in anderen Ländern zu verbreiten. Wie der römische Historiker Strabon bemerkte, war das Land, „das sich von Meer zu Meer erstreckte“ und den Namen Armenien trug, im Zeitalter des Hellenismus „bedeckt mit Weingärten“.
Herodot hielt in seinen Schriften im 5. Jahrhundert v. Chr. fest, dass Schiffe auf den Flüssen Euphrat und Tigris Weine aus dem Land der Armenier nach Assyrien brachten. Xenophon seinerseits erzählte im 4. und 5. Jahrhundert v. Chr. immer wieder von den aromatischen Weinen, die er in Armenien getrunken hatte und von einem ihm unbekannten Getränk, in dem sich Gerstensamen befand: Bier wird in Armenien „Garedschur“ genannt, was übersetzt „Gerstenwasser“ bedeutet.
Zeugen dieser Zeit berichten, dass bereits im 2. Jahrhundert v. Chr. Pelze, Stoffe, Heilkräuter und Weine aus Armenien nach Nordafrika, Zypern, Kreta, Sizilien, Sardinien, Korsika, Frankreich und Spanien exportiert wurden.
Die Jahrhunderte verstrichen, Könige kamen und gingen, und viele Kriege führten zu großen Gebietsverlusten. Jedoch blieben auf wundersame Art und Weise die verschiedenen Sorten der armenischen Weinreben erhalten. Auch die ur-

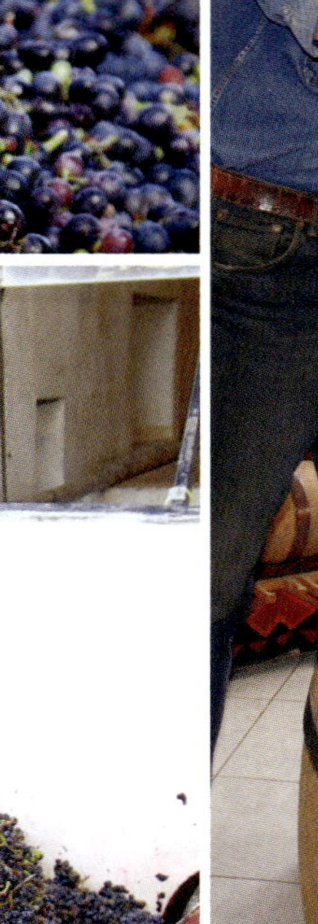

*Weintraubensorte Areni*

*Weinverkostung im Weingut Areni*

tümlichen und schönen Traditionen der Weinherstellung blieben erhalten und werden seit jeher von Generation zu Generation weitergegeben.
Historiker und die erhaltenen Keilschriften des 5. und 6. Jahrhunderts v. Chr. beschreiben die Städte Armeniens als schöne Orte mit einzigartiger Architektur, Blumenbeeten, Gärten und Weingärten. Neben den Tälern des Ararats werden Schirak, Schuschi, Taron und viele andere Gebiete des alten Armeniens als Anbaugebiete beschrieben. Weinmacher war in den Königs- und Adelskreisen ein derart geehrter Titel, dass einige von ihnen sogar zum Adel aufsteigen konnten.

Der Niedergang der Önologie und des Weinbaus begann ab Mitte des 5. Jahrhunderts als Resultat der Teilung zwischen Persien und Byzanz. Systematisch wurden Weingüter zerstört, indem die Weinreben auf barbarische Art und Weise herausgerissen und verbrannt wurden. So wurden nicht nur die Weingüter, sondern auch andere Gärten in trostlose Wüsten verwandelt.
Im 5. bis 7. Jahrhundert wurden durch die zerstörerische arabische Invasion der zentrale Teil des Landes und damit auch die landwirtschaftlichen Regionen Ararat, Waspurakan und Regionen nahe des Flusses Aratsani (Euphrat) verwüstet. Statt der nun vertriebenen armenischen Urbevölkerung siedelte das Kalifat auf diesem fruchtbaren Boden Araber an, die sich mit Viehzucht beschäftigten.

Ab dem 9. Jahrhundert begann eine mehr oder minder positive Epoche in der Entwicklung des Weinbaus im mittelalterlichen Armenien. Mit der Erstehung des Königreiches der Bagratiden konnten optimale Bedingungen für einen wirtschaft-

*Weine verschiedener Weingüter*

lichen Aufstieg gewährleistet werden. Die Weinberge und -gärten wurden wiederhergestellt und die alten Traditionen ins Leben gerufen. Der Handel florierte und die Weinkeller füllten sich wieder mit ausgezeichnetem Wein. In Garni, Jerewan, Dvin und vielen anderen Regionen des Landes wurden neue Weinbaugebiete errichtet, Olivenbäume und Obstbäume gepflanzt. Insbesondere die Weingärten der Kirchen wurden erweitert. Riesige Weinamphoren, alte Keltereien und andere Geräte der Weinherstellung aus dieser Zeit sind bis heute erhalten geblieben und können bewundert werden.

Bereits im 10. Jahrhundert erstellten die armenischen Experten eine Enzyklopädie des Weinbaus und der Weinherstellung, in der die Geheimnisse des Garten- und Weinbaus, Geräte und Konstruktionen beschrieben wurden. Dieses Wissen eigneten sich viele Weinbauern erst einige Jahrhunderte danach an.

Im Matenadaran, dem Zentralarchiv für alte armenische Handschriften, in dem die uralten Manuskripte aufbewahrt werden, sind viele Schriften erhalten geblieben, die die verschiedenen Weinsorten und ihre Wirkung beschreiben und auf die Auswirkungen im Falle von Missbrauch aufmerksam machen. Natürlich wurden aber auch die heilenden Wirkungen des Weins beschrieben. In diesen Manuskripten findet man die unterschiedlichsten Weinsorten, darunter auch einige exotische Sorten: Weine aromatisiert mit diversen Kräutern, Wein aus Quitten, Granatäpfeln, unreifen Weintrauben, Maulbeeren, Feigen, Rosen, Nüssen und Äpfeln. Auch verschiedene Schnapssorten, beispielsweise aus Maulbeeren, Aprikosen, Kornelkirschen, Quitten und Granatäpfeln, wurden in diesen Manuskripten festgehalten.

Zahlreiche Kriege und Streifzüge von Barbaren hinterließen Spuren, Armenien verlor seine Unabhängigkeit, menschliche und materielle Ressourcen waren dem Niedergang geweiht. Doch der Geist des Volkes blieb erhalten, und im Jahre 1828 befreite sich Armenien von seinen feindlichen Herrschern und vereinte sich mit Russland. Zum Ende des 19. Jahrhunderts konnten zerstörte

*Weinfest im Dorf Areni*

Weinbaugebiete wiederhergestellt werden und dutzende Wein- und Kognakhersteller ihre Arbeit wieder aufnehmen.
Die günstigen natürlichen Bedingungen, die große Anzahl an verschiedenen Rebsorten und die jahrtausendelange Erfahrung der Weinbauern trugen zum raschen Wiederaufbau des Weinbaus bei. Dank der neuen Eisenbahnverbindungen konnten armenische Weine ab dem Jahr 1902 nach Russland exportiert werden und gelangten von dort aus auch nach Europa und Amerika.
Im Laufe der Jahre wurde der armenische Wein mit zahlreichen Preisen und Medaillen ausgezeichnet. Eine Epoche der Wein- und Kognakherstellung begann. Tausende von Hektar wurden mit Weinreben bepflanzt und es entstanden neue überraschende Weinsorten.
Der Erste Weltkrieg fügte dem Land viel Leid zu. Auch die Weingärten wurden nicht verschont, die Weinfabriken geplündert und zerstört.
Danach begann die Verstaatlichung in der Sowjetunion. Zum wiederholten Male wurde alles von Null wiederaufgebaut. Dieses Mal jedoch ohne die einzigartigen Weinbaugebiete Surmala und Nachidschewan, die nicht mehr zu Armenien gehörten.

Während der sowjetischen Vorherrschaft stieg die Anzahl der Weinbaugebiete enorm an. Der armenische Weinbau überlebte sogar die Anti-Alkohol-Kampagne der 1980er Jahre. Armenische Weine und der armenische Kognak erhielten die höchsten Wertungen.
Heute gibt es zahlreiche Wein- und Branntwein-Hersteller in Armenien. Viele sind über einhundert Jahre alt, wie beispielsweise die Weinfabrik Proschjan, die Jerewaner

Kognak- und Weinhersteller Ararat, Noy und viele andere. Andere Fabriken wurden erst vor einigen Jahren errichtet, haben sich jedoch bereits zu ernstzunehmenden Konkurrenten entwickelt.

Die wichtigste Weinbauregion in Armenien ist das Ararat-Tal, dort sind über 60 Prozent der Weinhersteller angesiedelt. Im Ararat-Tal werden Weintrauben sowohl für den Kognak als auch für die Weine angebaut.
Ähnliche Weine werden in der kleinen Region Sjunik hergestellt, die sich nahe der Grenze zum Iran befindet. Die Weine des Vajoc Dzor, auf 1800 Meter über dem Meeresspiegel, sind berühmt für ihre Farbe und das zarte Aroma von Bergblumen. Dieser Wein wird aus der uralten Weintraubensorte Areni hergestellt.

Im Herbst, wenn in Armenien die Tage noch warm und sonnig sind, werden in vielen Regionen Weinfeste gefeiert. Zahlreiche Besucher nehmen an diesen Festen teil. Sie genießen nicht nur die unterschiedlichsten Weine, den Käse und das frischgebackene Brot, sie beteiligen sich auch gern an der Pressung der Weintrauben, sie helfen, Lavasch im Tonofen zu backen, und erfahren von den dort ansässigen Hausfrauen etwas über die traditionellen Gerichte.
*Ehre den Wein, der die Menschen verbindet und uns hilft, zu den Ursprüngen der Menschheit zurückzukehren und die Weisheit unserer Vorfahren zu erkennen!*

# Churchills Lieblingsgetränk

*„Kommen Sie nie zu spät zum Abendessen, rauchen Sie kubanische Zigarren und trinken Sie armenischen Brandy …"*

Diese Worte stammen von dem talentierten Journalisten und Rhetoriker, dem zweiten Premierminister Großbritanniens, Träger des Nobelpreises für Literatur, Autor von 58 Werken über die Geschichte und Nachfahren des alten Geschlechts der Marlborough, Winston Churchill.

Der armenische Kognak ist ein Getränk, das jedem Genießer ein Begriff sein dürfte. Dieses Getränk, das nicht nur in Russland geschätzt und geliebt wird, sondern auch in vielen anderen Ländern dieser Erde, feierte 2017 sein 140-jähriges Jubiläum.

Der Kenner weiß, dass die dem Brandy zugrundeliegende Technologie die Destillation ist.

Die Destillation als Methode zur Konzentration von Trauben- und Fruchtweinen wurde im Südkaukasus bereits seit dem 3. Jahrhundert v. Chr. erfolgreich angewendet. Dem Akademiker Boris Piotrovski zufolge wurde bereits im 5. Jahrhundert v. Chr. destillierter Wein in Fässern mit der Aufschrift der damaligen armenischen Hauptstadt „Dvin" nach Europa gebracht.

Die offizielle Geschichte des heutigen armenischen Kognaks wurde jedoch erst ab 1877 festgehalten, als der Händler Nerses Tairyanc mit der Erlaubnis der örtlichen Mächte auf dem Territorium des damaligen

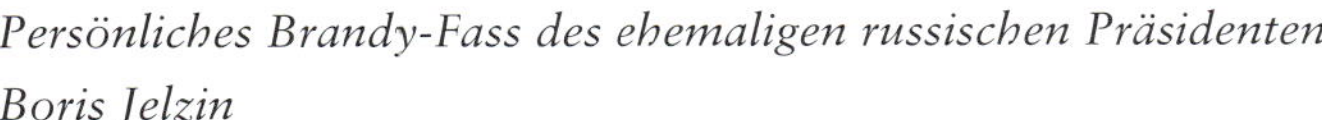
*Persönliches Brandy-Fass des ehemaligen russischen Präsidenten Boris Jelzin*

*Riesige Brandyflasche (über 100 Jahre alt) im Museum der Brandy-Fabrik Ararat*

Jerewan eine Fabrik gründete, in der er Wein, Schnäpse und Doschab (reduzierten Traubensaft) herstellte. Bereits Ende des 19. Jahrhunderts gab es in der Region um Jerewan mehr als 70 Weinhersteller und zusätzlich drei Kognak-Fabriken. Der Wein, Kognak und Doschab, die in der von Tairyanc gegründeten Fabrik hergestellt wurden, waren stark nachgefragt und auch außerhalb der armenischen Grenzen bekannt und beliebt. Im November 1898 verkaufte der alte Tairyanc seine Fabrik an die Handelsgenossenschaft „Schustov und Söhne“, die bereits im Besitz von dutzenden Weinfabriken und -geschäften war. Schustov begann den Weinhandel in Weltmetropolen, unter anderem in Paris, London, Wien, New York und Moskau.

Die Firma „Schustov und Söhne“ modernisierte die Fabrik und stattete sie mit der neuesten Technologie aus, baute eine neue Fabrik zur Herstellung von Spirituosen und neue Keller für die jahrzehntelange Lagerung von Getränken in Eichenfässern. Der erste armenische Kognak, zubereitet nach traditioneller französischer Charente-Technologie, wurde einige Jahre später hergestellt und erhielt den französischen Namen „Fin Champagne“.

Um seinen Kognak auf dem Markt voranzubringen, entwickelte Schustov originelle Ideen. Er war z. B. der erste, der das Logo seiner Firma und seines Kognaks in bekannten Zeitschriften veröffentlichte sowie auf Booten und Kutschen anbringen ließ. Diese ungewöhnliche Herangehensweise führte bald zu überraschenden Ergebnissen – Schustovs Kognak wurde zum Gesprächsthema in ganz Europa. Im

*Emblem des Brandy-Herstellers Noy*

Jahr 1900 stellte Schustov einige Sorten seines Kognaks auf der Weltmesse in Paris vor. Zum Gewinner eines Grand Prix nach einer blinden Degustation wurde einstimmig Schustovs Kognak „Fin Champagne Auslese" gekürt. Und zum ersten Mal in der Geschichte der Kognakherstellung bekam ein Ausländer das Recht, bei der Lieferung nach Europa seine Produkte nicht „Brandy", sondern „Kognak" zu nennen. So entstand auch der Name „Armenischer Kognak".
1922 wurde die ehemalige Schustov-Fabrik zum Haupt-Wein- und Brandyhersteller der Gesellschaft und vereinte damit die armenische Weinindustrie. Doch 1948 wurde die Gesellschaft aufgeteilt. Es entstanden zwei Wein- und Brandyhersteller: die ehemalige Schustov-Fabrik mit dem neuen Namen „Jerewaner Weinkombinat", das später den Namen „Noy" erhielt, und die Jerewaner Kognak-Fabrik „Ararat". Dort wurden bis in die 1990er Jahre die weltweit exportierten Brandys hergestellt, darunter die normalen zwei-, vier- und fünfjährigen Brandys, aber auch ganz besondere Markenbrandys wie „Armenia", „Dvin", „Ani", „Waspurakan", „Nairi" und „Achtamar".

Mitte der 1930er Jahre entwickelte sich Armenien zu einem der wichtigsten Hersteller von alkoholischen Getränken in der UdSSR. Im Dezember 1943 probierte Churchill während einer Konferenz in Teheran den armenischen Brandy „Dvin" und war begeistert. Der Brandy, benannt nach der uralten armenischen Hauptstadt, wurde zu seinem Lieblingsgetränk. Seitdem musste der Sekretär der russischen Botschaft zweimal im Monat zwei Kisten mit je zwölf Flaschen „Dvin" in Churchills Londoner Residenz liefern. Und das mehrere Jahre lang. Churchill soll gesagt haben, dass man mit einem guten Kognak umgehen müsse wie mit einer Dame: sich nicht daraufstürzen, sondern behutsam nähern, in den Händen aufwärmen und erst dann genießen. Trotz des Eisernen Vorhangs hörten die Lieferungen seines Lieblingsgetränkes nicht auf.

Die Brandy- und Weinfabriken stehen heute auch für Besucher offen. Die Gäste können an Führungen oder Verkostungen teilnehmen. Sogar ein Brandy-Museum gibt es. Auch ein Gang durch die „Brandy-Allee", benannt nach dem berühmten französischen Sänger armenischer Herkunft Charles Aznavour, ist interessant, denn dort findet man 400 Brandy-Fässer, die allesamt berühmten Persönlichkeiten gehören. Fass Nummer 13 gehört beispielsweise dem Namensgeber der „Allee" Charles Aznavour, während Fass Nummer 11 dem russischen Präsidenten Wladimir Putin gehört. Auch Persönlichkeiten wie der ehemalige Präsident Russlands Boris Jelzin, die Präsidenten von Rumä-

*Gebäude des Brandyherstellers Noy*

*oben: Auszeichnung für den Brandy von Noy*
*unten: Gebäude des Brandyherstellers Ararat*

nien, der Ukraine und Weißrussland besitzen ihr eigenes Fass.
Die Besitzer der Fässer können ihre Geschenke jederzeit abholen. Bisher ist dies jedoch noch nicht vorgekommen.

Die besonderen Merkmale der modernen armenischen Brandys sind ihre angenehme Süße und der wunderbare Geschmack mit einer leichten Vanille-Schokolade-Note. Für die Herstellung der Brandys werden einheimische Sorten weißer Trauben benutzt – Mskhali, Garan-Dmak und Woskeat. Die Einzigartigkeit dieser Traubensorten entfaltet sich im reichhaltigen Geschmack dieses edlen Getränks. Die Lagerung des Getränks in Fässern aus armenischer, georgischer und arzacher Eiche verleiht dem Brandy eine charakteristische Vanille-Note und eine honig-ähnliche Farbe – je länger das Getränk gelagert wird, desto intensiver wird seine Farbe.
Damit der Geschmack sich entfalten kann, trinkt man den Brandy aus einem Kognakglas, das man kurz in den Händen erwärmt. Die Armenier sagen:
„Damit sich der Brandy schneller erwärmt, halte das Glas in der linken Hand – näher am Herzen".
Bei den Kostproben in den Fabriken werden den Gästen drei Sorten angeboten. Denn die Armenier sagen, dass das erste Glas den Durst stillt, das zweite die Seele erfreut, während erst das dritte Glas wahres Vergnügen bereitet. Da jedoch ein viertes Glas zum Wahnsinn führen könnte, beschränkt man sich bei der Kostprobe auf drei Gläser.

*Mechitharisten-Kloster in Wien*

# Das armenische Venedig und der Likör „Mechitharine“

In Venedig gibt es einen interessanten Ort – das armenische Venedig. Das ist die armenische Insel des Heiligen Lazarus – die San Lazzaro degli Armeni (Սուրբ Ղազար Կղզի). Die kleine Insel befindet sich im südlichen Teil der venezianischen Lagune in der Nähe der Insel Lido und ist eines der armenischen kulturellen Zentren der Welt.
Auf dieser Insel gründete 1717 der armenische Priester Mechithar von Sebaste den armenisch-katholischen Orden der Mechitharisten. Die wichtigste Aufgabe des Ordens war „die geistliche Förderung und die Erleuchtung des armenischen Volkes“, wie es der Gründer selbst ausgedrückt hat.
Innerhalb von 300 Jahren schrieben die Mechitharisten-Patres Tausende von Bänden über die armenische Sprache, Geschichte, Kultur und Kunst, gründeten Schulen innerhalb und außerhalb Armeniens für die armenische Jugend.
Ab dem Jahr 1816 besuchte der berühmte englische Dichter Lord John Byron oft die Insel. Er lernte die armenische Sprache und befasste sich fleißig mit armenischen Schriften. In einem seiner Briefe schrieb er:
*„Es wäre wahrscheinlich schwierig, die Geschichte eines Volkes zu finden, die qualvoller ist als die der Armenier. Aber ganz gleich, wie ihr Schicksal war – und es war sehr traurig – und was sie noch in der Zukunft erwartet, ihr Land muss*

*oben: Insel San Lazzaro in Venedig*

*Mitte: Gründer des Ordens: Mechithar von Sebaste*

*unten: Kloster-Likör Mechitharine*

*immer eines der interessantesten auf der Erdkugel sein. Allein schon ihre Sprache muss intensiver studiert werden.“*
Am 11. Juli 2004 wurde in Hucknall in der Grafschaft Nottingham zu Ehren von Lord Byron vor der Kirche St. Maria Magdalena ein Chatschqar (Kreuzstein) aufgestellt – das armenische Symbol für Glaube und Hoffnung. Damit wurde, weit entfernt von Armenien, ein Licht der armenischen Kultur angezündet.

1773 trennte sich ein Teil des Ordens in San Lazzaro und zog nach Triest und später nach Wien, wo Kaiser Franz I. den Ordensbrüdern nicht nur die österreichische Staatsbürgerschaft, sondern auch das alte Kapuzinerkloster Am Platzl im Stadtteil Sankt Ulrich schenkte. Nach und nach entwickelte sich das Kloster zu einem Zentrum der armenischen Kultur.
Die Wiener Mechitharisten sind mit Recht stolz auf ihre großartige Bibliothek, die über 120 000 Bücher in armenischer Sprache und über 10 000 Bücher in anderen Sprachen enthält. Im Klostermuseum sind, neben sakraler Kunst, wertvolle Gemälde – darunter auch Werke des berühmten armenischen Malers Aywasowski –, armenische Teppiche und Trachten, Silberarbeiten, armenische Keramik, die größte Sammlung armenischer Münzen und viele andere Schätze ausgestellt.

Ein besonderer Schatz ist auch der Klosterlikör „Mechitharine“. Dieses Getränk ist ein Elixier aus einer Vielzahl heilender Kräuter und aromatischer Wurzeln. Die Herstellung des Likörs übernehmen die Patres, die das Rezept seit Jahrhunderten streng geheim halten. Der Likör stammt aus einem Manuskript des 17. Jahrhunderts. Nach vielen Proben und Experimenten werden heute sechs Arten des „Mechitharine“-Likörs hergestellt.
Nach und nach entwickelte sich der Likör zu einem beliebten Getränk in Europa. Er wurde nach Tschechien, Polen und in die Schweiz geliefert. Heute wird der Likör auch in Länder wie die Vereinigten Staaten von Amerika, Armenien und Libanon exportiert.

# Rezeptverzeichnis


Amitsch (Hähnchen oder Pute für festliche Anlässe) 169
Aprikosenmarmelade 195
Arzacher Gata 176
Auberginenröllchen (mit drei Füllungsvarianten) 36
Aveluksalat 44
Aveluksuppe 74
Bayazeti Qare-Kololak (Fleischklöße) 116
Blätterteigtaschen mit Fleischfüllung 67
Blumenkohlsalat 31
Blumenkohl (gebratener), Champignons und Tomaten 102
Bohnenpastete 164
Borani aus Rote-Bete-Blättern 111
Bratapfel Wardawar 135
Bratwürste mit Granatapfelkernen (Bumbar) 99
Brennnesselsuppe nach Gugarqer Art 73
Bumbar aus Fleisch (Bratwürste mit Granatapfelkernen) 99
Chapama (Gefüllter Kürbis) 156
Chasch 78
Chaschlama (Lammfleisch im Tontopf) 93
Chorovaz aus gehacktem Lammfleisch 126
Chorovaz aus Forellenfilets 127
Chorovaz aus Kartoffeln und Pilzen 125
Chorovaz aus Schweinefleisch in Weißwein 125
Chorovaz, Sommer- 124
Dinkel mit Pilzen 117
Eingemachte Gurken mit Gemüse 202
Eintopf, sommerlicher Etschmiadsiner 55
Felchen, gedünstet in Wein 143
Fisch, fürstlicher 149
Fisch, gegrillter 148
Fischrollen mit grünem Salat 150
Fleischklöße (Bayazeti Qare-Kololak) 116
Fleischroulade mit Ei und Pilzen 104
Flussforelle mit Tomaten, gedünstete 144
Forelle, gefüllte 146
Forelle in Lavasch 144
Forelle mit Tomaten und Paprika, gebackene 146
Forellenfilets (Chorovaz) 127
Fürstlicher Fisch 149
Gata, Arzacher 176
Gata mit Blätterteig, Jerewaner 176
Gebackene Schweinekeule 166
Gebackener Spargel 48
Gebackener Tial 109
Gebratener Blumenkohl, Champignons und Tomaten 102
Gebratenes Hähnchen mit Gemüse 103
Gebratenes Schweinefleisch mit Quitten und marinierten Trauben (Tapaka „Aragazotn“) 106
Gefüllte Forelle 146
Gefüllte Paprika nach Nachitschewaner Art 38
Gefüllte Tomaten 97
Gefüllter Kürbis (Chapama) 156
Grüner Salat 150
Gurken mit Gemüse, eingemachte 202
Gyumri-Plätzchen 184
Hähnchen „Borani“ 100
Hähnchen mit Gemüse 98
Hähnchen mit Gemüse, gebratenes 103
Hähnchen mit Okraschoten und Brombeeren 98
Hähnchen oder Pute für festliche Anlässe (Amitsch) 169
Hähnchenroulade mit Basturma 100
Hähnchensuppe nach Art armenischer Großmütter 68
Harisa 131
Hühnerbrühe mit verquirltem Ei 66
Hühnersuppe mit Nudeln 69
Innereien mit Gemüse und Speck (Tzhvzhik) 129
Jerewaner Gata mit Blätterteig 176
Kalbfilets in Champignon-Rotwein-Soße (Tapaka „Areni“) 96
Kartoffelküchlein 64
Kartoffeln mit Sauerkraut 104
Kartoffeln und Pilze (Chorovaz) 125
Klostersalat 42
Kornelkirschmarmelade 196
Kornelkirschsoße 98
Ktschutsch (Lammfleisch mit Gemüse im Tontopf) 90

Kürbis, gefüllter (Chapama) 156
Kürbisbrei 110
Kürbismarmelade 198
Lammeintopf mit Okraschoten 54
Lammfleisch (Chorovaz) 126
Lammfleisch mit Gemüse im Tontopf (Ktschutsch) 90
Lammfleisch im Tontopf (Chaschlama) 93
Lammfleisch-Quitten-Eintopf 56
Lammkeule in Rotweinsoße 166
Lammkoteletts mit gegrilltem Gemüse (Tapaka nach Arzacher Art) 95
Linsengericht, traditionelles (Mschosch) 156
Linsensuppe mit Nudeln 68
Malvensuppe 75
Mandelplätzchen 182
Marinierte Paprika 38
Marinierte Pilze 202
Mariniertes Obst 201
Matsun 62
Mschosch (Traditionelles Linsengericht) 156
Obst, mariniertes 201
Obstkuchen 182
Okraschotensuppe 61
Omelett nach Art des Chefkochs Armen Pinatschjan 132
Omelett mit Basturma Tscholama 133
Omelett mit Tomaten 132
Osterreis 48
Pachlava 178
Paprika, marinierte 38
Paprika nach Nachitschewaner Art, gefüllte 38
Pasuc-Tolma 88
Pilze im Töpfchen 40
Pilze, marinierte 202
Pilze nach Dilidjaner Art 41
Pilzsuppe „Dilidjan“ 71
Pilzsuppe mit Nudeln 70
Pflaumensoße 98
Plav aus Reis und Linsen (Tschalkaschovi) 102
Portulaksalat 32
Pudding aus Weintraubensirup (Schpot) 181
Quittenmarmelade 200
Rindersuppe mit Spargel 60
Rinderzunge in Rotweinsoße 164
Rosenblütenmarmelade 196
Rote Bete-Salat 42
Salat aus grünem Spargel 34
Salat aus grünen Bohnen mit Walnüssen 35
Salat aus Kartoffeln und Sauerkraut 45
Scharoc (oder süßer Schudschuch) 180
Schpot (Pudding aus Weintraubensirup) 181
Schudschuch (Scharoc) 180
Schweinekeule, gebackene 166
Schweinefleisch in Weißwein (Chorovaz) 125
Schweinefleisch mit Quitten und marinierten Trauben, gebratenes (Tapaka „Aragazotn“) 106
Sommer-Chorovaz 124
Sommerlicher Etschmiadsiner Eintopf 55
Sommersalat, Jerewaner 30
Sommertolma, Edschmiatsiner 86
Spargel, gebackener 48
Spargel mit jungen Kartoffeln 50
Spas 62
Spinat mit Ei 50
Spinatsalat mit grünem Spargel und Walnusssoße 33
Suppe aus Wachtelbohnen 64
Suppe mit Fleischbällchen 58
Tapaka „Aragazotn“ (Gebratenes Schweinefleisch mit Quitten und marinierten Trauben) 106
Tapaka „Areni“ (Kalbfilets in Champignon-Rotwein-Soße) 96
Tapaka nach Arzacher Art (Lammkoteletts mit gegrilltem Gemüse) 95
Tial 109
Tial, gebackener 109
Tolma mit Äpfeln, Aschtaraker 84
Tolma mit Tomaten und Pilzen 111
Tolma mit Weinblättern, Jerewaner 84
Tomaten, gefüllte 97
Tschalkaschovi (Plav aus Reis und Linsen) 102
Tzhvzhik (Innereien mit Gemüse und Speck) 129
Van-Suppe 58
Walnussmarmelade 198
Wintereintopf mit Kichererbsen 56
Zitronentorte 185

*Danksagung*
Ich danke meiner Familie, meiner Mutter und meiner Großmutter, insbesondere aber meinen wunderbaren Kindern, denen ich dieses Buch widme. Nur durch die Hilfe meiner Tochter, die das Buch übersetzt hat, und meines Sohnes, der immer an meiner Seite stand, konnte ich meinen Traum vom eigenen Buch über meine geliebte Heimat verwirklichen.
Bedanken möchte ich mich auch bei all meinen Freunden und Bekannten in Deutschland und in Armenien für ihre tolle Unterstützung.
Und nicht zuletzt gilt mein herzlicher Dank den Mitarbeiterinnen des BuchVerlags für die Frau, die keine Mühen gescheut und an mein Projekt geglaubt haben.

*Susanna Sarkisian*

*Über die Autorin*

Susanna Sarkisian, die Expertin für armenische Küche, war jahrelang beim Ersten Staatlichen Fernsehen in Armenien tätig. In dieser Zeit hat sie an vielen Sendungen zur armenischen Kultur und Küche mitgearbeitet.
Seit rund 20 Jahren lebt die Diplomingenieurin in Deutschland. Neben ihrer Tätigkeit als Dozentin beschäftigt sie sich mit den kulinarischen Genüssen verschiedener Länder und Regionen und hat dazu mehrere Artikel und Fotografien in Büchern und Fachzeitschriften veröffentlicht. Als Kennerin der Landesküche wird sie zu kulinarischen Sendungen in Armenien und zu verschiedenen kulinarischen Wettbewerben als Jurorin eingeladen. Ihre Artikel zur deutschen Küche wurden in mehreren kulinarischen Zeitschriften in Armenien publiziert.

ISBN 978-3-89798-443-1

2. überarbeitete Auflage 2018

Fotos: Susanna Sarkisian;
S. 160, 161, 162, 168: Photolure News Agency (Armenien),
S. 46: „Tonatsuyts“ Early Music Theatre (Armenien)
Redaktionelle Mitarbeit: Dagmar Schäfer
Übersetzung aus dem Armenischen: Julia Nikogosian
Covergestaltung und Layout: Uta Wolf, Leipzig
Grafiken: Uta Wolf, Leipzig
Druck und Bindung: COLEURS Print & More GmbH
Printed in Latvia

www.buchverlag-fuer-die-frau.de